영옥이라는 여고생 덕분에 그 살벌한 월남에서 평화롭게 보냈지요.
총맞아 죽을지 모른다는 걱정보다 한국에 없는 예쁜 꽃,
신기한 꽃이 눈에 띄면 그걸 따서 말려 영옥이한테 답장하는 일이
무엇보다 제게는 소중했어요.

다른 애들은 총맞아 죽을까 벌벌 떠는 곳에서도 나는 어디 꽃 없나
찾고 다니니 죽는 게 무섭다는 생각을 못했지요.
영옥이가 졸업한다고 해서 졸업기념으로 꽃잎으로 쓴 카드를
만들어서 보냈어요. 근데 답장이 안와요.

맨해튼에서 두만강으로 김가수 신부

공산주의는 붉은색으로 알았는데 실제는 회색이었습니다.
도시는 낡아서 어두웠고 새 건물은 찾아볼 수 없었습니다.
공산당은 모든 성당과 가톨릭 학교를 빼앗아 문을 닫고 다른 목적으로
사용하고 있었습니다. 정말 모든 것이 불행했습니다.

정의가 없는 평화는 진정한 평화가 아닙니다. 중국 공산정권의 속성을
안다면 중국정부를 비판하지 않는 것이 이상한 일입니다.
저는 중국 신학교에서 수년간 학생들을 가르치며 중국정부의
이중성을 속속들이 체험했습니다.

바티칸에서 보낸 스파이 젠 제키운 홍콩추기경

신부열전1 神父列傳

흰물결

ⓒ2011 흰물결

신북명전1 아! 신학교 잘못 왔구나

펴낸곳 도서출판 흰물결
펴낸이 박수아
표지그림 이머 샤키리Ymer Shaqiri

초판 1쇄 발행일 2011년 8월 15일

주   소 137-885 서울 서초구 서초동 1720-8 흰물결빌딩 5층
등   록 1994. 4.14 제3-544호
대표전화 02-535-7004 팩스 02-596-5675
이메일 edit@worldreader.net
홈페이지 www.worldreader.net

값 15,000원
ISBN 978-89-92961-04-2
ISBN 978-89-92961-03-5 (세트)

신부열전 1

아! 신학교
잘못 왔구나

대담·글 윤 학

신부열전1
아! 신학교 잘못 왔구나

그 새벽에

그날 새벽, 저는 오늘까지 나를 이끌어온 것이 무엇일까 생각했습니다. 그리고 앞으로 무엇이 나를 이끌어줄 것인지도 생각해봤습니다. 그것은 제가 배운 학문도, 재산도, 명성도 아니었습니다. 내 안에 깃든 나의 영혼이 나를 인도하고 있었습니다.

어릴 때부터 가졌던 나의 꿈도, 지금 제 가슴속 깊숙이 자리잡은 소망도 내 영혼이 바라는 것이었습니다. 내 근원은 내 영혼의 속삭임에서 나온 것이었습니다. 저는 제 영혼에게 속삭여보았습니다.

   내 영혼아 너는 어디 있느냐?
   내 영혼아 너는 무엇을 찾고 있느냐?

나는 그 새벽 내 영혼의 소리를 들었습니다. 길을 잃고 헤매는 사람들의 소리도 들었습니다. 저는 자리에서 벌떡 일어나 외쳤습니다.

   사람들이 자신의 영혼의 소리를 듣게 하자!

오늘 우리는 내 영혼의 소리를 듣기는커녕 시시각각 쏟아내는 말잔치에 귀를 기울이다가 하루를 보내고 맙니다.

매일 가족보다 더 가까이 대하는 언론은 어제 거짓을 말해놓고 오늘 거짓임이 밝혀지면 부끄러워하기는커녕 또 다른 거짓을 말합니다.

우리들은 그 언론에 춤추고 누구를 칭송하다가 또 누군가를 비난합니다. 재미있는 것은 그런 일이 되풀이되어도 우리는 언론의 속삭임에 귀를 기울인다는 것입니다.

길도 아닌 언론이, 길도 아닌 대중이, 그 언론과 대중을 업은 몇몇 사람들이, 여론이라는 그럴듯한 명분으로 본디 뿌리조차 없는 다수라는 이름으로 세상을 휩쓸고 있습니다.

우리는 길을 잃었습니다. 우리는 영혼을 잃은 것입니다.

내 아이들이 남을 괴롭히는 것은 눈 하나 깜짝하지 않으면서도 우리는 내 아이가 괴롭힘을 당할까 전전긍긍합니다. 내 아이를 훌륭히 키워내도 아이의 친구들이 훌륭하지 않으면 내 아이 역시 행복하지 못할 터인데도 우리는 내 아이만이 훌륭하기를 바랍니다.

사람들에게 인정받을 수만 있다면, 남이 부러워할 정도로 가질 수만 있다면 그깟 영혼의 소리는 무시해 버립니다. 그러나 그 결과는 어땠습니까?

우리는 길을 잃은 것입니다. 우리는 영혼을 잃은 것입니다.

영혼을 잃어버린 사람은 자신의 내부가 아닌 외부에서 무엇을 찾습니다. 돈을, 명예를, 권력을, 심지어는 자신까지 잃어버리는 마약을 찾아 사방을 기웃거립니다.

영혼이 있는 글은 우리를 치유해 줍니다.

글은 우리의 혼을 담아내는 그릇입니다. 그런데 오늘 우리는 혼이 담긴 글을 만나기가 쉽지 않습니다. 혼이 없는 사회에서 혼이 있는 글이 나올 수 없기 때문입니다.

그러나 이 삭막한 세상에도 자신의 영혼을 가꾸어 그것을 꽃으로 피워내는 분들이 있습니다.

귀한 영혼들이 품어내는 아름다운 소리를 퍼뜨리기만 하면 그 거대한 합창은 어떤 소음도 사그라뜨릴 것입니다. 그것만이 우리를 평화롭게 하고 자유롭게 하는 길입니다.

이 책을 통해 우리 모두 자신의 영혼의 속삭임에 귀를 기울이고 자신의 순수와 만나기를 소망해봅니다.

서초동 흰물결에서

윤 학

맨해튼에서 두만강으로

김기수 신부

북녘동포를 돕는다며 먹을 것 입을 것을 가져다주는
사랑의 행렬이 줄을 잇고 있습니다. 그러나 그것들이 과연
북녘동포들에게 전달되는지 의문을 갖게 됩니다.

탈북동포 한 사람 한 사람을 직접 만나 이들의 절박한
사정을 듣고 한 가지 어려움이라도 근본적으로 해결해주고자
나선 분이 있습니다.

중국공안에 쫓기면서도 공포에 떨며 숨어있는
탈북동포를 찾아내어 손수 먹여주고 입혀주는
'탈북동포의 아버지' 김기수 신부미국 프란치스코 수도회의
이야기를 들어봅니다.

월남전과 영옥이의 편지

제가 원래 트럭운전수였어요. 군대에서 트럭운전을 배웠는데 월남을 무척 가고 싶더라고요. 그래서 저녁마다 인사계에 술 사들고 찾아가서 월남 보내달라고 했지요.

71년에 드디어 월남에 가게 됐어요. 월남에서는 아침에 나가면 그날 죽을지 모르니까 부대 나갈 때마다 양쪽에서 쭉 서서 박수치고 그랬어요. 제가 운전하는 차에도 폭탄이 떨어져서 바로 옆의 동료가 죽었어요.

그런데 저는 영옥이라는 여고생 덕분에 그 살벌한 월남에서 평화롭게 보냈지요. 영옥이는 친구조카인데 저를 아저씨라 부르며 따랐어요. 제가 군대있는 동안 매일 편지를 써주었는데 월남으로도 편지를 꼬박꼬박 보내주는 거예요. 부대원들이 돌아가며 영옥이 편지를 읽고 그랬지요.

그래서 전쟁터에 나가서도 총맞아 죽을지 모른다는 걱정보다 한국에 없는 예쁜 꽃, 신기한 꽃이 눈에 띄면 그걸 따서 말려 영옥이한테 답장하는 일이 무엇보다 제게는 소중했어요. 다른 애들은 총맞아 죽을까 벌벌 떠는 곳에서도 나는 어디 꽃 없나 찾고 다니니 죽는 게 무섭다는 생각을 못했지요.

제가 있던 월남 산골에는 길이 딱 하나 있었어요. 우기가 되면 소낙비가 몇 개월 동안 쏟아지는데 그럼 산사태가 나서 산하나가 쭉 밀려 내려와서는 길을 싹 막아버려요. 차도 못다니고 소낙비 때문에 헬리콥터도 못뜨면 식량이 없는 거야.

몇백 명 되는 대원들이 다 굶어죽을 수 없으니까 반대쪽 뚫린 길로라도 쌀을 구하러 가야되는데 그쪽은 적들의 소굴이에요. 갔다 하면 죽는 데거든요. 그러니 다 안 가려고 그러지요.

근데 전쟁터에서는 다들 실탄을 차고 있기 때문에 부대장도 함부로 명령을 못해요. 앙심 품으면 밤에 술먹고 가 부대장도 쏴죽이니까요. 항상 자발적으로 갈 사람 나오라고 그러죠. 그러면 나는 늘 제일 먼저 나서고 그랬어요. 총알이 쏟아지는 곳에서도 두렵지 않았어요.

이상하게도 그때 기분에 저는 안 죽을 거 같았거든요. 나중에 생각해보니 그게 다 사랑의 힘이에요. 누군가로부터 사랑을 받고 있다는 게 엄청난 힘을 준 거지요.

그러던 중 영옥이가 고등학교를 졸업한다고 해서 내가 졸업 기념으로 꽃잎으로 쓴 카드를 만들어서 보냈어요. 근데 답장이 안와요. 영옥이 삼촌인 친구한테 '야, 영옥이한테 편지가 안 온다. 어떻게 된 거냐?' 하고 편지를 보냈어요.

그랬더니 답장이 왔는데 영옥이가 죽었다는 거예요. 나는 그 친구가 자주 농담도 하고 그러니까 거짓말인 줄 알았지. 고등학교 졸업했다고, 이제 숙녀가 됐다고 좋아하던 애가 갑자기 죽었다니 이상하잖아요.

얼마 뒤 첫 휴가라 한국에 왔는데 우리 집에를 못가겠는 거예요. 근처에 영옥이 집이 있었거든요. 영옥이 집에 못가겠는 거예요. 진짜인 거 같아서. 그래서 군복입은 채로 친구들 만나서 술을 마시고 저녁에 잔뜩 취해서 집에 가는데 영옥이 어머니를 만났어요. 나를 붙잡고 집에 가자고 그러더라고요. 집에 갔는데 영옥이 얘기를 못 꺼내겠는 거예요.

영옥이 아버지하고 술을 사다가 밤새도록 마시고는 몰래 그

집 여동생한테 "언니 어디갔냐"고 물어보니까 죽었대요. 그때까지 아무도 그 말을 못하는 거예요. 아버지는 계속 술만 드시고.

묘가 어딨냐고 물었더니 없대요. 묘라도 있었으면 좋겠는데 없다니까 너무너무 섭섭하더라고요. 알고 보니 급성 폐렴인가 그랬는데 영옥이 할머니가 무당 그런 걸 믿는 분이에요. 그래서 병원 가기 전에 푸닥거리하고 그러다가 시간이 늦어져 갑자기 죽은 거예요.

제대하고 서울에 왔는데 사는 게 너무너무 재미없고 힘든 거예요. 딸을 끔찍하게 사랑했던 영옥이 아버지가 위로받을 데가 없으니까 만날 나를 불러서 같이 술먹는 거예요. 붙잡히면 그냥 둘이 술이 곤드레만드레 돼서… 매일 이렇게 살면 폐인이 될 것 같았어요. 영옥이 아버지를 위해서도 내가 있으면 안될 거 같아서 한국 떠날 마음을 먹었죠.

그런데 군대에서 운전한 경력 외에는 면허증도 없고 외국으로 나갈 길이 막막하더라고요.

이란에 간 트레일러 운전수

어느 날 신문에 이란에 갈 트레일러 운전수를 모집한다는 기사가 났어요. 당장 그날로 운전면허시험 접수를 하고 매일 밤새워 공부해서 딱 합격했죠. 그게 '특수면허'잖아요. 저는 그때 신자도 아니었는데 그냥 하느님한테 매달리면서 했더니 합격한 거예요.

그때가 74년도였는데 해외개발공사에서 이란 갈 트레일러 운전수 접수를 받았어요. 그냥 접수만 하면 되는 줄 알고 차비도 없어 원효로에서 신촌까지 아침 먹고 천천히 걸어갔다고요. 그런데 기찻길 옆 해외개발공사 빌딩에서부터 한참 아래에 있는 신촌로터리까지 사람들이 줄을 서있는 거예요.

어리둥절해서 "어, 이게 무슨 줄이요?" 물으니까 접수하는 줄이래요. 접수증도 하나씩 다 들고 있더라고요. 내가 얼마나 촌놈이야. 사람들이 하라는 대로 대충 접수증 써서 맨 끝에 가서 섰지요. 알고 보니까 부산, 인천에 있는 운전수들이 죄다 전날 저녁에 차를 몰고 와서 밤새 줄을 선 거예요. 몇십 명 모집하는데 몇천 명이 온 거야.

길이 너무 복잡하니까 안내직원이 줄 서 있는 사람들을 전부 빌딩옥상으로 올라가래요. 옥상이 꽉 차서 전 들어가지도 못하고 2층 계단쯤에 서있었죠.

접수를 시작하는데 갑자기 엄청 높은 사람이 오더니 지금 옥상에 사람이 너무 많아서 빌딩이 무너지게 생겼다고 막 야단치면서 다 내려가라고 미는 거예요. 그래서 줄이 밀리다보니까 꼴찌인 내가 어쩌다 맨 앞줄이 된 거야. 촌놈이 어떻게 되돌아가는지도 모르고 그냥 서있다보니까 맨 앞줄이 된 거죠. 그래서 1차로 시험을 볼 수 있게 됐어요.

용두동 근처 공터에서 원목 실어나르던 고물 트레일러 갖다 놓고 시험을 보는데 부산, 인천의 큰 운수회사 다니는 트레일러 운전수들이 다 떨어져요. 차가 겨우 들어가는 공간에 3분 안에 주차를 해야되는데 차가 너무 길어서 삐뚤빼뚤 넣게 되더라고요. 진짜 운전수들도 안되는데 나는 운전면허증도 갓 땄는데 되겠어요? '나는 도저히 못하겠구나' 생각하며 기도했지요. 제 차례가 되어 막 어떻게 정신없이 했는데 들어갔어요. 그것도 3분 안에.

빨리 가서 신체검사 하래요. 근데 제가 그동안 밥도 안먹고 만날 술만 먹고 살았잖아요. 간호사 아가씨가 체중이 미달돼서 못가겠다는 거예요. "나 건강한데 왜 그러냐. 잘먹으면 나도 살찐다" 그랬더니 봐줬는지 합격시켜줬어요. 그렇게 해서 76년에 이란에 가게 된 겁니다.

첫날 가자마자 트럭 한 대를 주면서 조수도 없이 저 혼자 지도만 가지고 어디로 가래요. 한번 나가면 한 일주일씩 걸리니까 버너, 물통, 솥 사가지고 가서 차 안에서 밥해 먹어야 돼요.

여관이 있나, 식당이 있나, 아무것도 없고 가도가도 사막이니까요. 앞차를 따라가다가 중간에 주유소에 들어갔는데 앞차들이 벌써 기름 넣고 출발하는 거예요.

저는 길을 모르니까 '빨리 따라 가야지' 하는 급한 마음에 차가 얼마나 긴지 깜빡 잊어버렸어요.

조그만 차 운전하는 식으로 커브를 탁 꺾었더니 우장창! 제

차가 주유소를 다 깔고 넘어진 거예요. 덩치가 엄청 큰 이란사람들이 몰려와서 저를 꽉 잡았어요. 앞차도 다 가버리고, 말이 통해야 말이죠. 회사에서 가다 사고나면 무조건 "폴리스 비아" 그러라고 가르쳐줬어요. "비아"는 오라는 말이거든요. "폴리스 비아. 폴리스 비아" 계속 그 말만 되풀이했어요.

그런데 해가 지고 밤이 되는데도 경찰이 영 안오는 거예요. 일주일 동안 기름 사넣고 쓸 비용으로 6천 리얄을 받았는데 5천 리얄을 변상하래요. 경찰도 안오지, 배는 고파 죽겠지 할 수 없이 돈을 줘버렸어요.

깜깜한데 저녁도 굶고 혼자 한참 가다보니까 우리 회사차들이 있어요. 이제 무슨 일이 있어도 저 차를 쫓아가야 되니까 굶어가면서, 화장실도 못가고 따라갔죠.

부둣가 가까이 다다르니까 뜨거운 바람이 확 불어요. 열풍이라는 거죠. 차안도 너무너무 더운데 바람이 더 뜨거우니까 문을 못 열어요. 그래서 문을 다 닫고 물통째 물을 머리에 부어가면서 부두에 갔어요. 거기서는 옆에 사람이 쓰러져도 돌볼 수가 없어요. 자기가 쓰러져 죽게 되니까요.

저는 하필이면 시멘트를 싣게 됐어요. 배에서 기중기로 시멘트를 내려놓는데 이란사람들이 서툴러서 흔들흔들하다가 어디

부딪히면 시멘트 포대가 다 터져서 먼지 때문에 앞도 안보여요. 차가 한 대 빠지면 거기다 잽싸게 넣어야되는데 차가 기니까 우물우물하다보면 조수 있는 이란차들이 싹 들어가버려요.

먼지 때문에 뒤도 안보이지, 어쩌다 넣으려고 하면 또 이란운전수들이 집어넣고. 한번은 넣는다고 하다가 옆에 있는 이란차를 쿵! 받았어요. 또 이란사람들이 우르르 오더니 물어내래요.

제가 너무너무 지쳐서 지갑 꺼내서 "야, 다 가져가라, 임마!" 그랬어요. 보니까 돈도 없잖아요. 그러니까 이 사람들이 차안을 막 뒤지더니 자동차 연장 같은 걸 다 가져가버리는 거예요.

그때만 해도 내가 24살이었으니까 애 같지요. 하루종일 먹지도 못하고 땡볕에 얼굴이 새빨갛게 익어서 가져가든 말든 지쳐서 가만있으니까 이 사람들이 제가 너무 불쌍했던가 봐요. 한참 있다 저에게 오더니 "괜찮다"며 그 연장들을 도로 주더라고요. 눈물이 나와 글썽글썽했죠. 그러더니 자기들이 다른 차들 못오게 막아주고 차를 대줘서 겨우 시멘트를 실었어요.

아침 굶고, 점심 굶고, 저녁 굶고 다 싣고 나니 밤이에요. 차에서 자는데 너무너무 더워서 문을 열어놓으면 모기가 또 엄청 많은 거예요.

모기 때문에 문을 닫고 얼음 덩어리를 사다가 배에다 얹고 잠을 청했죠. 얼음 덩어리를 얹어놓고 있으니 잠이 와요? 그날 밤을 꼬박 새웠죠.

그 다음날 아침에는 일행들을 쫓아서 밥 얻어먹어 가면서 그 사람들 조금 쉴 때 나는 안놓치려고 미리 소변 보고 기름 넣고 돈 빌려가면서 따라갔어요. 그렇게 해서 무사히 짐을 싣고 테헤란까지 도착했습니다. 1년쯤 지나니까 운전도 잘하게 되고 길도 알게 되었죠.

그렇게 트럭운전하다가 이란에 있는 미국회사에 들어가게 됐어요. 제가 일을 열심히 하니까 회사에서 미국비자를 받게 해줬어요. 그래서 미국으로 가게 되었죠.

결혼약속과 한 권의 책

　미국에 가서는 낮에 대학공부하면서 밤에 풀타임으로 일했어요. 새벽에 일어나서 차 앞에 단어 붙이고 외우면서 60여km 떨어진 학교까지 운전해서 가요. 2시쯤 수업이 끝나면 허벅지 사이에 콜라 끼고 운전하면서 햄버거 먹으면서 3시까지 직장에 가요.

　직장 가는 내내 졸면서 운전하는 거예요. 그러면 지나가던 차들이 비켜가면서 빵빵! 해주고 간다고요. 옛날에는 미국 인심이 굉장히 좋았어요.

　졸음을 못참아서 가드레일을 들이받은 적도 많아요. 직장에

가면 낮에 일한 사람이 밤에 할 일을 설명해주는데 그 사이에
또 졸아요. 이 사람도 제가 조는 것을 알지만 그냥 쭉 얘기해요.
저는 무조건 "오케이, 오케이 오케이!" 그러죠.

한참 졸고 나면 좀 나아요. 그러면 일하고, 밤 12시에 끝나면
집까지 가는데 또 한 80km돼요. 가면서 또 졸음운전하는 거
죠. 시골 산길을 가다 보면 아름드리나무들이 많거든요.

거기 부딪히면 죽는 거예요. 그런데 신기하게도 늘 부딪히기
직전에 깼어요. 거의 2년을 그러고 살았어요. 그렇게 졸고 다녔
는데도 큰 사고 한번 안난 게 신기하죠.

그때까지 천주교를 몰랐어요. 제 주변에서 한 사람도 자기가
천주교신자라고 소개한 사람이 없었거든요. 초등학교 때 우리
동네 개신교에 몇 번 간 적은 있어요. 그때 조금 들었던 하느님
의 기억이 월남에 갔을 때도, 이란에 갔을 때도 이상하게 항상
남아 있었어요. 미국 가서는 가까운 감리교회에 다녔어요.

열심히 성가대도 하고 전교도 하고 그랬는데 막상 세례받으
라면 계속 뒤로 뺐지요.

그때 캘리포니아에 먼 친척 아주머니가 한 분 계셨는데 한번
놀러오라는 거예요. 봄방학 때 그 아주머니댁으로 일주일간 놀
러갔지요. 그 아주머니가 천주교신자였어요. 한번도 들어본 적

없는 천주교에 대해 얘기해주면서 천주교신자인 아가씨를 한 명 소개해줬어요.

그 아가씨가 저한테 책 한 권, 묵주 하나, 조그마한 십자가 하나를 줬어요. 그 책이 〈러시아에서 그분과 함께〉였습니다.

그 아가씨에게 일주일만에 "결혼하자"고 했어요. 그런데 그 아가씨가 "천주교신자와 결혼하려면 꼭 천주교신자가 되어야 한다"는 거예요. 집에 오자마자 천주교회를 찾았죠.

보스턴에 천주교회가 있었습니다. 신부님을 딱 보는 순간 시원함을 느꼈어요. 여태까지 제가 무의식 속에서 계속 찾던 그 무엇인가를 찾은 그런 기분이었습니다.

신부님이 "왜 왔냐" 물으셔서 "천주교 아가씨하고 결혼하려고 세례를 받아야겠다"고 했더니 지금 교리반이 없으니까 개인적으로 공부를 하라는 거예요.

〈러시아에서 그분과 함께〉라는 책을 읽고 지금까지 살아온 제 가치관이 완전히 다 무너졌어요. 그렇게 건강하고 똑똑한 사람이 보이지 않는 하느님을 위해서 인생을 바친다는 것이 너무너무 충격적이었어요. 새로운 세상을 본 겁니다.

그러면서 박도식 신부님이 쓴 〈무엇하는 사람들인가〉를 읽으니까 교리내용이 한 가지도 의심가는 것 없이 머리에 쏙쏙 들어오는 거예요.

그때 보스턴성당에 오시던 '예수회' 수사님들과 자주 접촉하게 됐지요. 그분들을 통해서 수도회가 있다는 것을 알았어요. 그때까지 저는 제 뜻대로 안되면 막 화나고 그랬거든요. 그런데 막연히 '혹시 내가 결혼을 못하더라도 다른 길도 있겠다' 이런 생각이 들었어요.

그런데 진짜 일이 꼬이기 시작했어요. 세례받을 즈음 결혼이 깨지게 된 거예요. 또 곽길우 본당신부님이 제가 세례받기 전에 한국에 가시게 됐어요. 그래서 "신부님, 결혼하려고 세례달라고 그랬는데 결혼을 못하게 됐습니다. 그러니까 저는 신부님이 세례주시면 받고 안 주시면 다음에 받겠습니다"

신부님은 제가 결혼 못하게 돼서 세례받고 냉담할까 걱정되셨나봐요. "좀 생각해보겠다" 그러시더라고요. 며칠 생각하시더니 "내가 떠나기 전에 세례를 주겠다"고 하시는 거예요. 그때 저는 '옛날의 나는 죽고 완전히 새로 태어난다' 이런 생각을 해서 세례명에 신경을 무척 많이 썼어요.

그래서 성인전을 빌려다가 일주일을 봤어요. 보면 볼수록 더 헷갈리는 거예요. 보니까 프란치스코 성인 축일이 10월 4일이에요. 제 생일이 음력으로 10월 4일이라서 무슨 인연이 될 것 같아서 그냥 '프란치스코'로 했어요.

저는 천주교신자가 되면서 두 가지가 가장 감동적이었습니다. 하나는 고백성사예요. 신부님도 사람인데 사람이 같은 사람 앞에 가서 자기의 수치스러운 모든 것을 다 고백할 수 있다는 것이 인간의 힘으로 할 수 없다고 생각하거든요.

그것을 가능하게 해주는 하느님의 은총이 거기 있다는 것이 느껴졌습니다.

다른 하나는 성당에서 세례명 불러주는 것이 너무 부러웠어요. 세례받고 사람들이 저를 '프란치스코'라고 불러주기를 너무 너무 기대했는데 부르기가 어려운지 잘 안불러요.

할머니들이 '뿌랑치코'라는 둥 이상한 발음으로 불러서 오히려 실망이 되는 거예요. 그래서 이름 바꿀 수 없냐고 대부님한테 여쭤봤더니 "한번 받았으면 그만이지 어떻게 바꾸냐"고 하셨어요. '에이! 이왕 이렇게 된 거 프란치스코가 누구인지나 알아봐야 되겠다' 하고 프란치스코 성인에 대한 책을 봤어요.

책을 쭉 읽으니까 굉장한 분이에요. 대단한 부잣집 아들이었는데도 자기 재산을 다 남 주고 구걸하면서 살았어요. 그분이 단식도 많이 해서 정말 볼품없이 마르고 왜소했거든요. 그래서인지 빵을 얻으러 가면 동네아주머니들이 잘생긴 수사님들한테 음식을 더 많이 주고 프란치스코에겐 잘 안주었어요.

빈손으로 돌아와 다른 동료들이 얻어온 것 같이 나눠 먹고 그랬는데, 그분은 그것을 창피하게 생각하지 않고 다른 형제들이 자기보다 더 대우받는 것을 진심으로 기뻐한 거예요.

순전히 책에서 프란치스코 성인한테 감동을 받아서 프란치스코 회원이 되고 싶어졌지요. 그래서 전화번호책을 뒤져서 수도회를 찾아갔어요. 양복 쫙 다려입고 넥타이 매고 갔는데 수사님은 청바지에 운동화 신고 학생들 메는 가방 메고 덜렁덜렁 마중 나온 거예요. 그게 보기가 너무 좋았어요. 저는 수도회는 딱딱한 줄 알고 되게 겁먹었거든요.

"나이도 많고 공부한 것도 별로 없는데 제가 수도회에 들어갈 수 있냐" 그랬더니 그 수사님은 "물론 들어올 수 있다. 뭐든지 하고 싶은 것 다 할 수 있다"는 거예요.

열칸 집 팔고 수도원으로

수도회의 첫 번째 프로그램이 필라델피아에 가서 노숙자들한테 밥해주는 거였어요. 저는 그때까지 제 자신을 위해 돈 버는 일이라든가 배우는 일만 했지, 한번도 공짜로 남한테 뭘 해본 적이 없었어요.

거기 가니까 전부 마약중독자, 알코올중독자, 강도 이런 사람들이 와요. 저는 수도원에 가서 봉사하라고 하기에 조용하게 기도하고 수사님들 찬가 듣고 그러는 줄 알았습니다. 가보니까 미화원들의 파업으로 온 시내가 쓰레기와 파리로 꽉 차있고 날은 너무너무 더운데 부엌에는 선풍기도 없어요.

제가 봉사하러 왔다니까 부엌에서 설거지하고 식탁에 그릇 날라주래요. 그런 모습을 보니 금방 돌아가고 싶더라고요.

지도신부님과 봉사나갔던 수사님 두 분이 오셨는데 한 분은 대학교수였고 한 분은 유명 변호사였대요. 그런데 다 버리고 수도원에 들어와서 지금 신학교 다니는 중이래요. 그런 얘기 들으니까 제가 너무너무 부끄러운 거예요.

지도신부님이 "여기서 봉사할 때 예수님이 빵 얻어먹으러 찾아오셨다고 생각하고 봉사를 하시오" 그렇게 말씀하시더라고요. 그 말씀을 가슴에 담고 봉사를 하면서 평생 처음으로 남을 위해서 무엇인가를 하면 기쁨이 생긴다는 것을 알게 되었어요. 항상 남한테 무엇을 주면 손해본다고 생각했지, 기쁨이 온다는 것은 상상도 못해본 거예요.

그동안 저는 불구자도 아닌데 구걸하고 다니는 사람들을 고운 눈으로 보지 않았거든요. '저 사람들은 게을러서 저렇지. 배부르니까 술먹고 마약하고…' 또 사람들이 음식을 금방 안갖다 준다고 막 욕하면 저는 '얻어먹는 주제에…' 그런 식으로 판단하면서 말이죠.

그런데 거기 항상 오는 한 백인이 있는데 다리가 한쪽이 없어요. 그 사람은 완전히 마약중독자예요. 와서 밥먹고, 구걸해서 돈 조금 생기면 가서 또 마약하고. 사연을 듣고 보니까 부잣집 아들인 이 사람이 대학교 2학년 때 월남전에 징병되었다가 지뢰를 밟아 다리가 하나 잘려나갔어요.

전쟁터니까 제대로 치료를 못해 통증 없애려고 몰핀만 많이 맞다보니까 중독된 거예요. 장래가 꽉 찬 젊은 사람이 다리 하나가 잘렸으니 오죽했겠어요. 마약에 중독되니까 집에서도 제대로 못돌보지, 페인이 되어버렸어요.

그런데 그 사람하고 같은 나이의 프란치스코회 지도신부님이 계셨는데 그분은 징병에 안 걸려서 신부가 된 거죠. 한 사람은 징병에 걸려서 노숙자가 됐고, 한 사람은 안 걸려서 지금 베푸는 입장이 된 거예요.

하느님이 나를 이렇게 살 수 있는 환경으로 이끄셔서 그렇지, 그런 상황에 처했으면 저도 그렇게밖에 될 수 없었을 거예요. 제가 월남에 갔을 때 제 옆에 앉았다가 총 맞아 죽은 친구가 있는데 그 친구가 안맞았으면 제가 맞는 거예요. 그 친구랑 마주 보고 있었거든요.

'아, 내가 사지 멀쩡한 게 전부 다 덤으로 받은 것이구나'라는 걸 깨닫고 그때 생각한 거예요. '남은 인생 누구한테 바쳐도 하나도 아깝지 않다' 딱 결심을 했어요. 나는 수도원에 가야 되겠다고. 그 프로그램이 끝나고 바로 가서 지원서를 썼지요.

대학 다니면서 풀타임으로 계속 일했기 때문에 너무너무 멋있는 집을 하나 장만할 수 있었어요. 영국식 집인데 방이 한 10개 정도 있었죠. 땅도 무지무지하게 넓어요. 연못도 있어서 밤에 사슴이 산에서 내려와서 물 먹고 오리들이 막 내려오고 그랬어요.

장가들면 살려고 그 집을 다 고쳤는데, 수도원에 가기로 결정하고 팔았어요. 수도원에 들어갈 때 1년 동안은 재산을 팔지 말라고 해요. 지원기 때는 수도원에서 나가라고도 할 수 있고 또 제가 싫어서 나올 수도 있으니까요. 그런데 저는 그런 것이 싫어서 싹 팔아 기부해버리고 가방 2개만 달랑 들고 갔지요.

그렇게 수도회에 들어가서 지금 18년이 됐는데 지금까지 심각하게 나가고 싶은 생각이 든 적은 없습니다. 지금은 매일 노숙자들한테 빵 나눠주면서 '지금 내가 수도원에서 나가면 저 줄에 서서 빵 얻어먹을 신세뿐이 안되니까 절대 나가면 안돼' 그렇게 생각하죠.

맨해튼의 빵줄

신품받고 뉴욕 맨해튼에 있는 성당에 처음 부임해갔는데 거기서는 노숙자, 걸인들에게 매일 빵을 나눠주더라고요.

먹을 게 없어 쓰레기통 뒤지고 너무너무 비참한 1930년대 미국 대공황 때 자살하는 사람이 매일 수십명씩 됐대요. 프란치스코 수도회에서 빵을 나눠주기 시작해 빵을 얻어먹기 위해 모여든 사람들의 줄이 생겼는데 그 빵줄이 아무리 길어도 줄이 끝날 때까지 빵을 나눠줬어요. 수도원을 다 팔더라도 굶어죽는 사람을 볼 수 없다는 게 프란치스코회의 위대한 점입니다.

그때 그 빵을 얻어먹은 사람들은 마약중독자나 부랑자들이 아니라 대공황으로 파산해서 거리로 나왔던 건전한 사람들이거든요. 나중에 월가의 은행총재도 되고 대기업 사장도 되었죠.

그 사람들이 가끔 성당에 들어와서는 몇만 불짜리 개인수표를 써놓고 갑니다. 그 사람들이 도우니까 1929년도부터 지금까지 하루도 맨해튼의 빵줄이 멈춰본 적이 없어요.

저도 그 빵 나눠주는 일을 매일 아침마다 했는데 그때 '우리 북한동포들은 굶어죽는데…' 이런 생각이 드는 거예요. 북한동포들은 얻어먹고 싶어도 주는 데가 없잖아요. 그걸 알면서도 매일 외국사람들만 돕다보니까 마음이 너무너무 아파서 어느 날 제가 원장신부님한테 얘기했어요.

"북한동포들이 굶어죽는다는데 아침에 빵 나눠줄 때마다 가슴 아프다" 그랬더니 "당연하지, 당연하지. 너는 네 민족부터 도와야지. 얼마나 필요해? 일단 5만 불 줄게. 당장 해" 하시며 그 자리에서 허락하셨어요. 그래서 바로 비영리재단을 하나 만들었는데 비용을 수도원에서 다 대줬어요.

맨 처음, 노래하는 김정식씨 불러다가 모금음악회를 해서 비용을 마련했어요. 98년 6월에 밀가루 200톤이랑 의약품을 가지고 북한에 갔어요. 그리고 10월에 또 갔는데 북한사람들이 배고픈 것은 며칠 참을 수 있는데 추운 것은 하루도 못 참겠다고 하면서 "헌옷도 좋고 뭐든 다 좋으니까 가면 옷을 좀 보내달라"고 부탁해요.

그런 절박한 청을 하는 사람한테 "가서 생각해 보겠습니다" 할 수 있어요? "아, 보내줄게 걱정마라" 큰소리 땅땅 쳐놓고 왔는데 실상은 아무것도 없었지요. 얼어 죽는다는데… 돈 한 푼 없지… 그래서 평화신문 미주판에 기사를 냈어요.

북한동포들이 한 말 그대로 써서 냈어요. "배고픈 것은 며칠 참을 수 있는데 추운 것은 하루도 못 참겠습니다. 옷 좀 보내주십시오" 그렇게 말이죠.

그랬더니 여기저기서 "옷 가져가라"는 전화가 막 오기 시작하는 거예요. 맨해튼 프란치스코성당은 각지에서 옷을 받아 왔는데 놓을 데가 없잖아요. 그래서 다른 본당에 부탁해서 사제관 차고에 산더미처럼 쌓아놓았지요. 낮에 일 나갔던 프란치스코 재속 회원들이 밤이면 차곡차곡 개서 플라스틱 백에다 담아서 상자에 넣었어요.

이제 그 옷을 보낼 돈이 없는 거예요. 뉴욕에서 인천으로 보내서 인천에서 다시 남북화물선으로 보내는 거거든요. 컨테이너 하나 보내는데 4천 불 가까이 돼요. 한 컨테이너에 큰 상자가 375개나 들어가요. 어마어마해요. 신문에 또 냈지요. "저는 돈이 없습니다. 옷 보낼 때 배송비까지 보내주십시오. 한 상자

보내는데 17불 보내주세요" 그랬더니 알래스카니 시애틀이니 캘리포니아니 사방에서 후원금이 오는데 특히 할머니들이 편지와 함께 돈을 보내요.

꼬부랑 영어주소를 생전 처음 써봤는지 삐뚤빼뚤 그려서 "신부님, 고맙습니다. 우리가 해야 할 일을 신부님이 하시네요. 내가 애기 봐서 번 돈인데 옷 보내는데 보태쓰십시오" 하고 꼬깃꼬깃 접힌 백 불을 보내요. 자기가 입던 밍크코트, 신던 구두도 다 보내고요.

한 달 동안 옷 다섯 컨테이너를 모아 정리하느라 봉사자들이 코피 쏟고 그랬어요. 옷도 어마어마하지만 돈이 얼마야, 다섯 컨테이너면 2만 불 아니에요. 나중에 결산하니까 그러고도 한만 5천 불이 남았어요.

그때 제가 기적을 봤어요. 무슨 일이든 '좋은 뜻으로 하면 하느님이 기적을 이루어주시는구나' 나쁜 사람이 훨씬 많다고 믿었던 제가 그때 이 세상엔 좋은 사람이 훨씬 많다는 것을 느꼈어요. 그 뒤에는 낙담해있는 사람들한테 자신있게 말해요. "무엇이든지 하면 돼요. 기도하면서 그냥 하면 되는 거예요"

옷 보내줘서 고맙다고 평양에서 미국까지 카드가 왔어요. 그렇게 옷을 보내주고 또 밀가루까지 주고 돌아오는데 그뒤의 일을 모르겠는 거예요. 그래서 너무너무 가슴이 답답해요. 평양에서 돌아올 때면 뭐라고 작별인사를 해야할지 모르겠더라고요. 그 사람들 내일을 장담할 수가 없으니까요.

땅굴 속 탈북자 찾아

99년부터 중국으로 탈북자가 넘어오기 시작했어요. 그래서 중국에 직접 가서 그 탈북자들이 도대체 어떤 사람들인가 찾아 봤어요. 연길에서 산속에 숨어있는 탈북자들 만나보니까 그때 까지 옷이라든가 밀가루 같은 걸 한번도 받아본 적이 없다고 하 더라고요.

진짜로 도움이 필요한 사람들은 그 사람들이었어요. 특히 젊 은 여자들은 중국 범죄조직이 잡아다가 기차로 12시간 이상 떨 어진 내륙에 끌고가서 팔아먹어 버려요. 그러면 인생 완전히 끝 나죠. 도망칠 수도 없고 완전히 노예예요. 짐승도 돌봐줄 사람이 있는데 탈북자들은 짐승만도 못한 겁니다.

그래서 북한에 안가고 중국에 가서 탈북자들 한 사람 한 사람 만나 다 사연 들어보고 면담했어요. '집에 가족이 몇 명이고 아픈 사람이 누구고, 어디가 아프다 그러면 이 사람한테는 돈이랑 의약품이 이만큼 필요하겠다' 계산해서 1년 정도 먹고살 만큼을 줘요. 주면서 "살다가 도저히 못살겠으면 내년에 또 와" 그래요.

늘 보따리를 들고 다녀서 지금도 공항에다가 한 30kg짜리 백을 5개 맡겨놓고 왔어요. 약품, 비타민 이런 것 전부 얻어왔어요. 갖다가 나눠주려고요.

이 일은 평신도들은 할 수 없어요. 위험해요. 저도 세 번 잡혀갔어요. 잡혀가도 저는 배짱이에요. 감옥에 넣는다고 해도 내가 마누라가 있어, 새끼들이 있어. "아이고 그동안 못 읽은 성서를 나도 좀 느긋하게 읽고 싶다. 잡아넣으려면 잡아넣어라" 큰소리치면 오히려 감옥에 못 넣어요.

나는 느긋해요. 용서해달라고 그러지도 않아요. 그래서 성서는 제가 꼭 들고 다녀요. 어쩌다 감옥에 가도 성서 하나만 있으면 될 것 같아요. 그런데 평신도들은 딸린 가족이 있으니 잡혀가면 큰일나잖아요. 그러니까 같이 이 일을 하자고 못한다고요. 너무 위험하니까.

작년 겨울에 탈북자를 127명 만났어요. 그중에 3명은 한국 보내고, 124명은 북한으로 다시 돌아갔어요. 한 명당 네 식구가 딸렸다고 생각하면 한 500명 도와준 거네요. 그중에는 굶어죽은 사람도 많아요.

나 혼자 하니까 많이 못 도와주지만 그대신 만난 사람은 1년 이상 살 수 있게 충분히 줘요. 조금씩 주면 그거 가지고 가다가 중국 경비원들한테 뜯기고 그러면 빈손되니까 집에 못가거든요. 줄 때 많이 줘야 가서 식구들 살린다고요.

탈북자들 얘기 들으면 기가 막혀요. 사람 고기 먹었다는 사람도 만났어요. 여름에는 풀이라도 있는데 겨울 되면 진짜 먹을게 없으니까 옥수수 털고 난 옥수수 속대 있잖아요, 그거 갈고. 논에서 벼를 베고난 뿌리며 소나무 뿌리 같은 것 캐서 말려서 갈고, 거기다가 옥수수 가루 한두 숟가락 넣어서 죽을 끓여 먹는다는 거예요.

어떤 아버지 말이 죽그릇 받으면 자기도 모르게 자기 죽그릇하고 아들 죽그릇을 번갈아본대요. 머리로는 '아, 내가 죽일 놈이지' 생각하면서도 자기 죽그릇보다 아들 죽그릇이 많아보인다는 거예요, 그 변변찮은 죽을 먹으면서.

인간의 힘으로 막을 수 없는 본능 때문에 너무너무 비참하지요. 그 죽 먹고 나면 며칠씩 대변이 안 나온대요. 옥수수 속대가 제대로 소화될 리 없지요. 그래서 화장실에 철사를 구부려 매달아놓았다가 한 사람이 따라가서 대변이 안나오니까 후벼파줘야 된대요. 진짜 별 얘기가 다 있습니다. 탈북자 한 사람 한 사람 얘기 들으면….

미국에서 후원자들 찾아다니면서 강연도 하고 후원금이나 헌옷과 함께 편지 보내주신 할머니들께 답장도 하고, 그분들 위해 미사도 드리고 그러면서 재원을 모으는 거예요. 한 6개월 모아서 가져가고 또 와서 모으고… 그러니까 뉴욕 돌아가면 정신없이 바쁘지요.

처음에는 중국에서 탈북자들을 잡지 않았거든요. 그래서 농장을 하나 만들어서 그 사람들 농사도 짓게 하고 공부도 시키려고 땅을 사 집도 짓고, 성전도 만들었어요. 그런데 탈북자들에 대한 국제적 여론이 집중되니까 중국정부에서 탈북자도 체포하고 돕는 사람도 체포하기 시작했어요. 그래서 그곳에 수용할 수 없게 되어 지금은 탈북자들 찾아 돌아다니지요.

탈북자들이 나왔다 하면 차림새가 너무 달라 금방 잡히거든요. 그래서 어디에 넘어왔다는 정보를 들으면 가방에 옷 넣어서 내가 찾아가지요. 가는 동안 검문당하면 죄다 뒤져가지고 "어디

가져가냐"고 꼬치꼬치 캐묻고, 심지어 친척집에 준다면 그집까지 따라오는 경우도 있어요. 그래서 요즘에는 최대한 많이 껴입어요. 팬티도 여러 장 껴입고, 브래지어도 여러 개 차고, 내복도 껴입고 그렇게 눈사람처럼 하고 가는 거예요. 못입은 건 깔고 앉고, 양말도 몇 겹 껴신고 가서 다 벗어주고 돈도 갖다주고 그러죠. 그 사람들은 밤에 돌아가거든요.

여러 곳에 연락망을 만들어놓고 탈북자가 어디로 오는지 전화하게끔 제 전화번호 알려주고, 이 마을 저 마을 돌아다니니까 저를 못 잡는 거예요. 한군데만 있으면 금방 잡혀요. 중국 보안들하고 전쟁이죠. 제 위치를 알고 잡으러 올 것 같으면 다른 마을로 도망가고 그래요.

그리고 북한에 넘어간 사람한테 핸드폰을 주기도 해요. 두만강이 좁으니까 중국 핸드폰이 북한에서도 되거든요. 어느 날 넘어오겠다고 전화가 와요. 그러면 "어디로 넘어와라" 그러고 "여자 몇 명 남자 몇 명" 물어서 옷 준비해서 둘러메고 가죠.

이번에도 옷을 많이 지원받아서 가지고 가는데 국경경비체제가 완전히 바뀌었다고 해서 예측 못 할 위험도 따를 것 같습니다.

탈북여인 연화

얼마 전에는 함경북도 부룡에서 온 30대 중반의 리연화가명를 만났지요.

3년 전 겨울, 두만강 가 다 쓰러져가는 초가집 지붕 밑을 뚫어 만든 다락방에 고개도 들지 못하고 숨어 있었던 북녘동포들을 만난 일이 있습니다. 그때 어느 개신교 집사의 안내로 그들이 숨어 있는 곳에 가게 되었는데, 제가 "사진을 찍어도 되겠느냐"고 묻자 모두가 다 무서워 벌벌 떨며 꺼려했습니다.

그래서 제가 "이다음에 통일이 되어 다시 만날 수 있을 때 찾으려고 그런다"고 말하자, '통일'이라는 말 때문인지 그녀의 눈이 빛나면서 말할 수 없는 기쁨이 얼굴에 스쳐가는 것을 보았지요. 그녀가 선선히 허락해서 다른 동포들도 사진 찍는 데 적극 협조해주었습니다.

그녀는 두 아들이 있는데, 남편은 정신이 온전치 못하여 가족들을 괴롭힌다고 했습니다. 그때 그녀의 형편이 너무 가련해서 다른 사람들 몰래 제 전화번호를 알려주었는데, 그것을 기억하고 이번에 전화를 한 것입니다. 3년 전 그때 저는 동포들 각자에게 돈을 얼마씩 도와주었는데 그나마도 숨겨준 중국집 주인과 저를 안내한 사람이 그 돈을 다 빼앗고 몇 푼씩만 주어서 보냈다는 소식이 들려 안타까운 마음을 갖고 있었습니다.

부룡에서 회령까지 오려면 며칠이 걸리는데 그녀는 와서 용케도 무선전화를 가진 사람을 수소문해 중국의 저에게 전화를 건 것입니다.

2월 초쯤에 강을 건너오겠다고 해 기다렸더니 국경에 비상이 걸려 그녀는 건너오지 못했습니다. 할 수 없이 남의 집에 숨어서 기회를 엿보다가 병까지 얻어서 또 한 달을 기다린 뒤 지난주에야 건너온 것입니다.

두만강을 건너오기 하루 전, 전화로 남편의 상태가 너무 나쁘다며 정신병 약인 '루단핑'을 구해달라고 사정하였습니다. 전화를 받고 그날 오후에 바로 도문시의 약국에 가서 '루단핑'을 찾았으나, 그런 약은 정신병원에서만 판다고 하였습니다. 도문에는 정신병원이 없기 때문에 연길까지 차를 달렸습니다.

한 시간을 운전하고 오후 4시 병원문 닫을 시간에야 간신히 정신병원에 도착했지만 제가 환자가 아니라고 정신과 의사의 처방전을 받아와야 약을 주겠다고 해요.

다행히 조선족이라서 말이 잘 통하는 정신과 의사에게 주위를 살피며 '북한의 친척 환자'에게 줄 약이라고 솔직히 말했습니다. 의사는 뜻밖에도 "북한에는 그런 환자가 많다"면서 선선히 약을 처방해주었습니다.

약을 사가지고 도문으로 돌아와 여자신발 다섯 켤레와 겨울잠바, 옷가지를 산 뒤 집에 돌아와 새벽에 떠날 준비를 해놓고 잤습니다. 그러나 새벽부터 대기했지만 전화가 오지 않아서 국경을 건너다 잡혔구나 하는 걱정이 들었습니다.

아침식사 후에도 전화가 오지 않아 잡혀간 것으로 생각했습니다. 포기하고는 중국을 떠나기 전에 농사지을 준비를 해놔야겠다 생각하고 비료와 콩, 옥수수 종자를 구입하러 도문시 종자상회에 갔는데 바로 그때, 연화에게서 전화가 왔습니다.

지금 막 두만강을 건너 중국에 왔다며 회령 건너 어느 마을에 숨어있다는 것이었습니다. 4시 반에 다시 넘어가기로 국경수비

대와 약속이 되어 있어서 그 시간까지 꼭 가야한다며 애걸하는 목소리가 들렸습니다.

농장에서 그 마을까지 가려면 빨리 가도 두 시간 이상 걸리는데 벌써 시계는 12시가 넘어있었습니다. 농장에 가 점심 먹을 겨를도 없이 지난밤 꾸려놓은, 네 사람에게 건네줄 배낭 네 개와 여분의 배낭 한 개를 자동차에 주워 싣고 달리기 시작했는데 벌써 두 시가 넘어 있었습니다.

두만강을 따라서 낭떠러지 벼랑길과 급커브길, 곳곳에 남아 있는 얼음들과 울퉁불퉁한 흙길을 시속 100km로 달렸습니다. 국경을 넘어갈 때 경비병에게 들키면 그걸 무마하기 위해서 꼭 필요한 술 두 병과 담배 두 통을 사자, 벌써 어둑어둑 해가 지고 있었습니다.

급히 강 길을 달려가는데 자꾸 전화는 옵니다. 급한 마음에 "내가 날아갈 수도 없지 않느냐"고 소리를 버럭 질렀습니다. 그러나 오죽 급하면 그럴까 한편 미안한 마음이 들었습니다.

가까스로 4시에 '대소'라는 중국 마을에 도착했습니다. 전화할 때는 아주머니 세 분과 남자 한 명이 온다고 했는데, 연화와 젊은 청년 한 명만 어느 농가의 헛간에 숨어 있었습니다. 다른 두 아주머니는 며칠 동안 포근한 날씨로 여기저기 얼음이 꺼져

들어 무섭다며 되돌아가고, 연화와 청년만 죽을 각오로 강을 건
너왔다고 합니다.

먼저 연화와 농가 헛간에서 말소리를 죽여가며 이야기를 합니
다. 우선 약을 설명해주고, 옷과 신발, 영양제 등을 주었습니
다. 헛간 밖에서는 중국인 농가주인이 자꾸 서성거리며 우리들
의 동정을 살피는 것 같아 불안합니다.

연화는 안절부절못하며 제가 하는 이야기도 건성으로 듣습니
다. 국경수비대와의 약속시간이 30분밖에 남지 않았는데… 함
께 온 젊은 청년은 불안하여 빨리 가자고 자꾸 재촉합니다.

그래서 연화를 데리고 자동차 안으로 들어가 배낭에서 옷을
꺼내주었습니다. 연화는 양말도 신지 않은 맨발에, 내복과 바지
는 강을 건너오면서 다 젖어 있었습니다. 브래지어도 차지 않았
습니다.

새 속옷과 브래지어를 주니, 돌아서서 웃옷을 벗고 브래지어
를 차더니 저에게 뒷후크를 끼워달라고 합니다. 급하니 할 수
없습니다. 뒷후크를 끼워주니 제가 건네준 돈을 비닐봉지에 꽁
꽁 묶어서 브래지어 속에 감춥니다. 속옷과 바지는 갈아입지 않
고 신발도 배낭에 넣습니다.

왜 그런가 물으니, 강을 건너면 또 젖을 터인데 아까워서라고

합니다. 신발 젖는 것이 아까워 얼음이 버석 버석하는 강을 맨발로 건너가겠다는 것입니다.

다른 두 아주머니에게 주려고 챙겨왔던 배낭 두개의 옷들도 다 가져가겠다고 합니다. 무거워서 어떻게 배낭 두 개와 술 두 병을 가지고 가려 하는가 걱정했지만 연화는 자꾸 물건 한 가지라도 더 배낭에 넣으려고 애씁니다.

청년에게도 내복과 겨울 잠바를 주고 나니 시간이 다되어, 북한경비병과 약속한 장소까지 자동차로 태워다주었습니다.

두만강의 얼음이 반쯤은 녹아서 빠른 물살이 흐르고 있었습니다. 그들을 내려놓고 가는 척하다가 나무 밑에 자동차를 숨겨놓고 가방에서 카메라를 꺼내들었습니다. 재빠르게 강가 나무 밑에 숨어서 건너가는 모습을 지켜보았습니다. 해는 산을 넘어가 어둠이 밀려오기 시작하였지만 다 볼 수 있었습니다.

청년은 재빠르게 아랫도리를 다 벗고 배낭과 바지를 둘러메고, 연화는 팬티만 입고 배낭을 메고 이제 강을 건너고 있었습니다. 중간쯤 가니 물이 허리쯤 올라오고 물살도 너무 거세어 더 이상 앞으로 갈 수 없게 되자 연화는 청년에게 도와달라고 소리를 지릅니다.

건너편에서는 북한경비병이 총을 메고 기다리고 있습니다.

청년은 건너편 채 녹지 않은 얼음 위에 옷과 배낭을 내려놓더니, 재빠르게 강 중간에 서있는 연화에게 다가와 부축하여 건너갑니다.

얼음 녹은 강물을 건너 맨발로 얼음 위를 걸어가는 그들이 얼마나 춥고 발이 저려올지 상상해보십시오. 얼음으로 베어진 그들의 발에서 흐르는 피가 하얀 얼음 위에 빨간 발자국으로 남아있는 것이 보였습니다. 그들의 모습을 카메라에 담기가 민망스러웠습니다.

연화가 더 이상 걷지 못하고 얼음 위에 주저앉는 모습이 보입니다. 총을 멘 경비병이 다가와 부축하여 강 건너까지 데리고 가자 연화가 젖은 옷을 벗고 마른 옷으로 갈아입었습니다.

그런 상황에서는 부끄러움도 남아있지 않겠지요. 중국 공안이 지나갈까 봐 마음이 조마조마하면서도 저는 냉큼 그 자리를 떠나지 못합니다. 왜 그런지 동포들의 모습을 한 가지라도 더 보고 싶었습니다. 저는 중국 쪽에 있으니, 이럴 때 중국 공안이 지나가면 즉시 감옥행이지요.

청년도 건너가서 벗었던 옷을 입는 모습이 보입니다. 제가 준 동내복을 하의는 자기가 입고 상의는 경비병에게 건네줍니다. 경비병도 재빨리 총을 내려놓고 윗옷을 벗더니 속에 동내복을 입습니다. 그들도 허술하게 입고 보초를 서니, 옷이 절실히 필요하다는 것을 그제야 새롭게 알게 되었습니다. 그럴 줄 알았으면 한 벌 더 보내는 건데… 북한 동포들도 군인들도 불쌍하기만 합니다.

저는 그들의 모습이 시야에서 사라진 후에도 떠날 생각을 잊고 한없이 그 자리에 서 있었습니다. 주위가 어두워지고 제가 가야 할 길이 얼마나 먼가를 깨닫고 나서야 집으로 돌아오던 그 두만강 길은 얼마나 황량하고 쓸쓸하던지요.

수십 리를 가도록 인가도 지나가는 자동차도 없고, 드문드문 남아있는 빙판길, 수십 길 낭떠러지절벽과 칠흑같이 어두운 꼬부랑 두만강 길을 혼자 돌아오는데 걷잡을 수 없는 무서움이 엄습하였습니다.

바티칸에서 보낸 스파이

젠 제키운 陳日君 홍콩추기경

중국의 반체제 인사, 양심적인 민주투사,
중국의 비밀추기경, 철저한 민주주의 옹호자,
젠 추기경에게 붙어 다니던 이름들이다.
세상에는 그의 다양한 이름만큼이나 그를 추종하는 사람도 많고
그를 비난하는 사람도 많다. 왜 그는 오늘도 투쟁하는가?
그의 투쟁의 뿌리에는 무엇이 있는가?

한 가톨릭 선각자가 사회문제에 참여하는 방식을 통해
우리 가톨릭도 사회참여를 어떻게 해야 하는지,
무엇이 우선되어야 하는지 고민해보았으면 한다.

상하이의 가톨릭 가정

1932년 상하이에서 태어났습니다. 아버지와 어머니는 학생시절에 세례를 받으셔서 저도 태어나자마자 세례를 받았지요.

아버지는 신부가 되고 싶어하셨는데 당시는 세례받은 지 얼마 안된 사람이 신부가 되는 것을 그다지 반기지 않았다고 합니다. 아버지에게 세례를 주신 신부님도 "결혼을 해서 아들을 신부로 보내라"고 하셨답니다. 아버지는 그때 아들을 낳으면 사제가 되도록 해야겠다고 생각하셨지요.

아버지는 장가를 갔고 사내아이를 기다렸습니다. 5명의 딸을 낳고 여섯 번째에야 사내아이인 제가 태어났죠. 고대했던 첫 번째 아들이다 보니 아버지는 어디든 데리고 다니셨어요. 저를 데리고 매일 성당에 가셨고 일요일에는 다섯 번씩 미사를 드렸습니다.

엔지니어셨던 아버지는 매우 개방적이어서 사람 사귀기를 좋아했고 그 사귐은 대부분 가톨릭 활동 안에서 이루어졌습니다. 어린 저에게도 교회 안에서의 만남이 즐거웠고 자연스럽게 아버지가 원했던 것처럼 신부가 되고 싶었습니다.

2차대전 때 일본군이 저희 집을 두 번이나 파괴했고 아버지는 뇌졸중으로 쓰러지셨어요. 집안이 점점 가난해졌지요. 어머니는 먹을 것을 위해 보석과 가구까지 팔아야 했습니다. 그때 제게 아주 특별한 일이 있었습니다.

아버지는 침상에 누워계시면서도 저에게는 매일 교회에 가라고 하셨어요. 눈이 오고 아주 추웠던 겨울방학 어느 날 아침, 아버지가 어서 일어나 교회에 가라고 하셨어요. 큰 구멍이 난 고무신을 신고 눈길을 걸으면 너무 고통스러웠죠.

어머니는 "오늘은 안돼! 눈도 오고 너무 추워서 나가면 감기 걸릴거야" 하며 말리셨지요. 그러나 아버지는 "성당에 가거라. 오늘 아무것도 먹을 게 없으니 우리에겐 기도가 필요해" 하시는 거예요. 그래서 교회에 갔습니다.

미사 후에 한 노인이 저에게 다가와서는 "애야! 네 아버지 성함이 어떻게 되시니?" 하고 물어 오셨어요. 아버지의 이름을 대자 그 노인은 몹시 반가워하며 "네 아버지 건강은 어떠시니? 네 아버지가 그립구나!" 하시는 거예요.

"지금 아버지는 몸에 마비가 와서 성당에 나올 수 없어요"라고 대답하자 "오, 그러면 너희 가족은 요즘 어떻게 생활하고 있니?" 하시며 걱정하셨어요.

어머니가 보석과 가구까지 팔았지만 지금은 먹을 것이 없다고 하자 집에 데려가시더니 서랍에서 돈이 든 주머니를 꺼내 "조심해서 가져가거라!" 하시며 주셨어요. 저는 그때까지 그렇게 많은 돈을 보지 못했어요.

옷 안에 조심스럽게 넣고 집으로 달렸습니다. 집에 돌아와 탁자 위에 그 돈을 쏟아 놓자 가족들은 믿을 수 없다는 표정이었습니다. 그것은 아버지가 옳았다는 것을 증명하는 것이었지요.

이 경험이 저에게 하느님에 대한 온전한 신뢰를 심어주었습니다. 나중에 알게 되었지만 그 노인은 상하이에서 손꼽히는 부자였는데 항상 가난한 옷차림을 하고 있었어요.

어느 날 어머니는 저를 데리고 학교장 신부님을 찾아가셨어요. "이 아이는 매우 영특해 공부를 잘할 것 같은데 저희에겐 돈이 없습니다. 성당도 열심히 다니는 착한 아이입니다. 공짜로 교육시킬 수 있는 방법이 없을까요?"하고 묻자 그 신부님은 학비를 절반이라도 내야한다고 하셨어요. 어머니가 먹을 것도 구하기 어려운 매우 곤궁한 집안사정을 얘기하셨지만 별 고민 없이 "당신이 절반은 가지고 와야 합니다"하는 말만 되풀이하셨습니다.

어머니는 다시 프랑스인 교구 신부님께 상의를 드렸습니다. 그분은 "나도 돈이 없는데…"하며 걱정하시더니 갑자기 "오, 방법이 떠올랐습니다. 그 학교 설립할 때 우리 교구에서 돈을 빌려주었어요"하시면서 편지를 쓰기 시작하셨어요. "이 소년을 받아주십시오. 그리고 당신이 교구에 돌려주어야 할 부채에서 필요한 돈을 가져가시기 바랍니다"

이렇게 해서 제가 공부할 수 있게 되었어요. 상하이에 있는 살레시오학교에 수업료와 기숙사비를 내지 않고도 다니게 된 겁니다.

공무원이셨던 외할아버지가 수초우에서 근무하실 때 어머니가 태어났습니다. 어머니는 똑똑하고 예뻤으며 라디오에서 나오는 사람들처럼 흉내를 잘 내서 주위 사람들을 웃게 만들었죠.

수초우방언은 아주 감미롭고 닝포방언은 아주 거칠어서 "수초우 사람과 싸우는 것이 닝포 사람과 대화하는 것보다 낫다"
는 속담이 있을 정도인데 어머니는 때때로 수초우와 닝포방언
을 다 써서 이야기를 들려주셨지요.

수초우는 또 많은 문인들이 태어난 곳으로, "좋은 부인을 얻
고 싶다면 수초우로 가라"는 중국 속담도 있지요. 그래서인지
어머니는 달필이었고 아버지보다 영어를 더 잘했습니다. 아버
지가 편지를 쓸 때 어머니가 늘 도왔어요.

보통 아버지는 엄하고 지적이며 어머니는 부드럽고 친절하잖
아요? 그런데 저희 집은 반대였습니다. 어릴 적 다른 아이와 싸
우고 울면서 집에 들어오다가 어머니를 만나면 "오, 너 누구랑
싸웠구나!" 하실 뿐이었지만, 아버지를 만나면 "누구야? 누가
너를 때렸어?" 하시며 흥분하셨어요.

그리고 아버지는 매일 교회에 가셨지만, 어머니는 단지 주일
에만 가셨습니다.

두 차례의 전쟁을 겪다보니 가족 모두가 어머니에게는 짐이
었죠. 아버지 쪽으로 몇몇 부유한 친척이 있었지만 아버지가 병
들자 모두 사라져버리더군요. 그때 어머니 쪽으로 가톨릭 신자
인 삼촌이 계셨습니다. 세관 검사원으로 부자는 아니셨지만 봉
급으로 정직하게 우리를 도와주셨어요. 그분이 아니었다면 생

활이 더 끔찍했을 겁니다. 큰 고통을 겪으면서 누가 선한 사람인지 확연히 알게 되었지요.

어머니는 1962년에 돌아가셨는데 이탈리아에서 공부하던 저는 장례식에도 참석하지 못했습니다. 비행기값이 없었어요.

철의 장막에 뛰어들다

신부가 되려고 마음먹을 때부터 '어떤 신부처럼 살고 싶다' 하는 모델이 있었는데 제가 학교에 다닐 수 있도록 도와주셨던 신부님입니다.

프랑스의 부유한 가정의 외동아들이었는데 중국에 선교사로 오셔서 아주 가난한 삶을 살았습니다. 중국 전체가 빈곤했던 때라 젊은 선교사가 작은 빵 한 조각으로 하루를 견뎌야 했으니 얼마나 힘들었겠어요. 그래도 굶주린 사람이 눈에 띄면 자신의 몫을 그들에게 주곤 하셨어요. 교구 부주임신부님은 승용차가 있었지만, 이 분은 자전거만 타고 다니셨지요.

아버지가 편찮으셔서 일주일에 한 번 봉성체하러 집에 오셨는데 그때마다 아버지와 친밀하게 대화를 나누곤 하셨습니다.

공산정권이 들어서고 신부님은 본국 프랑스로 추방당했습니다. 프랑스로 가신지 얼마 안 있어 돌아가셨다고 합니다. '드 샬렌'인가? 이름은 잘 기억나지 않지만 아주 성스러운 분이셨습니다.

공산화되기 전, 상하이에는 종교의 자유가 있었어요. 우리는 상하이에서도 프랑스령에 있었어요. 교구 신부님도 프랑스 분이셨죠.

교구에서 운영하는 초등학교가 성당 바로 옆에 있었는데 복사, 성가대, 그리고 십자단이라는 아동단체도 있었고 관리가 아주 훌륭했지요. 졸업 후에는 교구 여러 단체나 예수회로, 살레시안으로 다양한 진로가 있었지요. 초등학교 가까이에는 예수회에서 운영하는 로욜라대학교도 있었어요. 공산화된 후 로욜라대학교는 폐교되었고, 현재는 '제2대학'으로 불리는 의학전문학교가 되었습니다.

중국 본토에 공산정권이 들어섰을 때, 중국에도 제게도 많은 변화가 있었습니다.

16살 때인 1948년에 홍콩으로 와서 수도회에 입회했습니다. 그때 아버지는 이미 돌아가셨고 어머니와 누이들을 두고 저만

상하이를 떠난 것이죠. 이듬해 중국에 공산정권이 들어서고 모든 것이 차단되었죠.

상하이에 있는 가족, 선배 사제들, 살레시안들과 모두 단절되었습니다. 자연재해와 기근이 잇따랐고 어머니는 병환까지 겹쳐 고생이 심했습니다. 성당에 가면 붙잡아 갔기 때문에 가족들은 성당에도 다니지 못했지요. 외국인 선교사들은 모두 추방되었고 중국인 선교사들은 박해를 받고 감옥에 갇힌 사람도 많았습니다.

살레시안들은 특히 고생을 했습니다. 50년대 초반, 중국정부에서 교회를 로마 교황청과 분리하려 하자 살레시안들이 반발했기 때문입니다. 중국정부는 상하이에 살던 살레시안들을 붙잡아서 창시로, 안훼이에 있는 노동수용소로, 광민으로 보내서 옥살이를 시켰는데, 일부는 옥중에서 사망했습니다. 4~5년 후 살레시안은 모든 것을 잃고 존재 자체가 없어졌습니다.

1951년까지 홍콩에서 철학을 공부하고 3년간 학생들을 가르치다가 1955년 이탈리아로 떠났습니다. 철학과 신학을 9년 동안 공부하고 1961년 토리노에서 사제서품을 받았습니다.

중국의 어머니와는 짧은 편지나 엽서 정도에 국한해서 연락할 수 있었어요. 이태리에서 사제서품을 받자 어머니가 사제가 된 저를 보고 싶어하셔서 사진을 보내드렸습니다. 그 사진 때문에 동생들이 고생을 했습니다. 제가 제국주의자들의 끄나풀로 이태리에서 훈련을 받고 있다고 그들이 그랬답니다.

이태리로 유학을 갔을 때 살레시안대학에 '하늘사람Celestial' 이라는 국제적인 그룹이 있었습니다. 세계 각지에서 온 친구들과 친교를 나누는 일은 대단히 즐거웠지만 몇몇 선배들이 아주 권위적인 방식을 취할 때는 행복하지 않았습니다.

많지는 않았어도 대단히 권위적인 상급 사제들도 있어서 그런 분들을 '파시스트'라고 부르기도 했었죠. 하지만 보고 배워야 할 좋은 선배 사제들이 훨씬 더 많았고, 그래서 행복한 시절을 보냈습니다.

가톨릭에 대한 실망감은 없습니다. 사람에게 실망한 적은 있지만… 그렇다고 해서 가톨릭에 실망하진 않아요. 또, 결혼 안한 것이나 자녀를 가져보지 못한 아쉬움도 없어요.

독신생활이 어떤 것인지 이해하기에는 아주 오랜 시간이 필요합니다. 유럽이나 미국에서는 현대의 안락한 생활 때문인지 매년 사제직을 그만두는 일이 늘어나고 사제들이 공격받을 만한 일도 자주 벌어집니다.

저는 충분한 고민 후에 결정했기에 한 번도 후회한 적이 없습니다. 독신은 분명 자연스럽고 본능적인 것을 거스르는 일입니다. 큰 희생이지요.

그러나 자기절제를 잘 해나가면 그 희생을 통하여 인생을 아름답게 수놓을 무수히 많은 것들을 얻게 됩니다.

한 사람이 수많은 사람들을 죽이기도 하고 살리기도 하니까 한 사람의 생각을 좌우하는 가톨릭 믿음은 많은 사람들에게 영향을 미친다고 생각합니다. 가톨릭 믿음이 있으면 가난해도 행복할 수 있으니까요. 중요한 경험이죠.

상하이 전체가 가난해 먹을 것이 더더욱 없던 시절, 겨울에는 아침식사를 죽으로 때우고 잠깐이라도 몸을 데우려고 음식을 아주 맵게 먹었습니다. 하지만 풍족한 지금보다 그때가 대단히 행복했던 시절로 기억되는 걸 보면, 사람에게 진정 필요한 것이 무엇인지 생각하게 합니다.

1974년 음력설에 중국본토 방문의 꿈이 처음으로 이루어졌어요. 상하이에 살고 있는 누나를 방문하러 갔죠.

여행객이 많았지만 공산당은 저를 주의 깊게 관찰했습니다. 오랫동안 짐 검사를 하고 아주 길고 긴 심문을 시작하였습니다. 아주 천천히 묻고는 한 시간 반가량이 지나면 똑같은 질문을 반복했습니다.

저는 가능한 진실을 말하는 습관이 배어 있어서 그들의 의심에서 벗어날 수 있었지요.

상하이의 상황은 정말 끔찍했습니다. 공산주의는 붉은색으로 알았는데 실제는 회색이었습니다. 도시는 낡아서 어두웠고 새 건물은 찾아볼 수 없었습니다.

공산당은 모든 성당과 가톨릭 학교를 빼앗아 문을 닫고 다른 목적으로 사용하고 있었습니다. 정말 모든 것이 불행했습니다. 가족들은 사업체를 몰수당하거나 쫓겨나 있었습니다. 공산당의 박해보다 더 불행한 박해는 없겠다고 생각했습니다.

1978년 등소평의 개방정책에 기대어 살레시안 동료 사제들을 방문하려 했습니다. 그러나 중국공산당이 나를 주목하고 있다며 누나들이 공포에 떨었고 그들이 바짝 나를 따르며 감시해 아무 활동도 할 수가 없었습니다.

홍콩으로 돌아와서는 신학과 철학 학위를 동시에 취득한 사람이 저 혼자여서 대부분의 시간을 신학교에서 가르쳤습니다. 그런데 이 두 개의 학위는 제가 중국본토를 방문할 수 있게 해 주었습니다.

이태리에서 돌아온 지 20년이 지난 1984년, 고향 상하이를 위해 무언가를 하고 싶었습니다. 당시 상하이에 신학교가 열렸다고 하여 학생들을 가르칠 수 있겠다고 생각했습니다. 그래서 선배 신부에게 "제가 상하이에 가서 봉사활동을 할 수 있을까요?" 하고 여쭈었어요. 그런 예가 없었기 때문에 "오, 상하이에 가서?" 하고 놀라시며, "알아보기는 하겠네만 내가 직접 허가를 내주지는 못하네" 하셨어요.

그래서 제가 직접 상하이로 편지를 보냈죠. 현재 주교이신 진 신부님이 당시 신학교 교장이었는데, 그분께 편지를 썼습니다.

"이곳에 오고 싶으시다니 환영입니다만 상황이 어려우니 좀 기다리십시오" 하고 회신이 왔어요.

결국 4년이 걸려 88년에 제가 중국의 신학교에서 가르쳐도 된다는 허가가 나왔습니다. 대단한 소식이었죠. 신학교를 다시 열었지만 중국에서는 신학과 철학을 가르칠 교수가 없었기 때문에 제가 허가를 받은 것입니다. 정말 기적같은 일이었지요.

1989년 중국본토의 애국교회 신학교에서 신학과 철학을 강의해 달라고 요청해 왔습니다. 이것은 중국정부가 종교에 대해 문을 열었다는 징표이기도 했습니다. 저는 정말 기뻤습니다.

열망에 찬 신학생들을 가르치며 제가 공부한 것을 나누었지요. 그때 저는 중국인들이 많은 박해를 받으면서도 깊은 신앙심을 갖고 있음을 확인하고 깊은 감동을 받았습니다.

중국 신학교에서 강의할 때 신학생들에게 사제는 진리를 알아야 하고, 진리를 단순히 믿는 것이 아니라 완벽하게 이해해야 한다. 그게 중요하다고 강조했지요.

'애국교회'의 사제들과 신학생들도 깊은 신앙심을 갖고 교황님을 진심으로 사랑하며 로마 가톨릭교회와의 통합에 대한 열망을 갖고 있었습니다.

1956년 중국정부 편에 서서 바티칸과는 다른 독자적인 노선을 걷겠다고 선언한 사람들은 정말 몇 분 되지 않았습니다. 대부분이 큰 고통을 감내하면서도 교황님 편에 서있었습니다.

세월이 흘러 1990년대에 바티칸과의 통신이 수월해지자 대부분의 주교들은 교황청의 승인을 받았습니다.

저는 중국의 '지하교회'뿐만 아니라 '애국교회'의 지도자들과도 친구가 되었고 중국본토 사정에 대해 속속들이 알게 되었습니다. 이런 이유로 중국정부가 저를 못마땅해하기도 했지만 교황님은 오히려 저를 주교로 임명했습니다.

홍콩이 중국본토와 달리 종교의 자유를 계속 가질 수 있는 것도, 그래서 중국본토의 교회를 도울 수 있는 위치에 있게 된 것도, 모두다 신의 섭리라고 생각합니다.

중국본토의 교회가 분열되어 있다고 걱정하는 분들이 많습니다. 그러나 종교개혁 당시 완전 분리된 영국교회의 분열과는 매우 다릅니다.

종교를 부정하는 공산주의자들은 하느님의 교회를 이끌 지식도 권위도 없습니다. 그러니 '애국교회'와 바티칸이 접촉할 수밖에 없지요. '애국교회' 주교들도 교황님의 축복을 받았다는 징표로 바티칸이 보낸 반지를 끼고 있는 분들이 많습니다.

바티칸에서 보낸 스파이

1996년에 저를 주교로 임명할 거라는 소식을 들었을 때 고뇌의 시간을 보냈어요. 제가 상하이 사람이어서 홍콩에서는 이방인 같았기 때문에 걱정했습니다. 저는 살레시안이었기 때문에 교구민들이 저를 잘 알지 못했습니다. '나 같은 이방인을 저들이 어떻게 지도자로 받아들일 수 있을 것인가?' 하는 두려움이 있었죠.

그래서 교황님께 "저를 주교로 임명하는 것은 위험합니다. 홍콩이 중국에 반환되어 곧 공산정권이 들어오는데 교구민들이 나를 받아들이지 않는다면 어떻게 일을 하실겁니까?" 하는 서

한을 보냈습니다. 석 달 동안 이 사실을 누구에게도 말하지 않고 비밀을 지키며 기도를 많이 했지요. 회신이 오지 않아 다시 연락했는데도 답이 없었습니다.

두 달가량 지나서야 "교황청으로 오라"는 전갈이 왔습니다. 어려움을 직접 말씀드릴 수 있었는데 교황님께서 다 듣고 나시더니, "그래서 어쩌겠는가? 계속 밀고 나가는 수밖에"라고 하시는 겁니다.

홍콩으로 돌아와서 20일을 더 기다린 후에야 주교로 임명한다는 공식발표가 나왔습니다. 그렇게 기다리는 기간이 정말 힘들었습니다. 사실 홍콩교구 내에서는 요한 퉁 주교님이 당시 주교 총대리이셨고, 더 잘 알려진 분이어서 그분이 되시는 것이 마땅했습니다. 저를 교구장으로 임명한 이유를 두고 퉁 주교님은 너무 마음씨가 좋기 때문이라고들 합니다.

그래서 제가 그랬죠. "무슨 말이냐, 그러면 나더러 못된 사람이라는 말인가? 그래. 좋다!"

제가 홍콩교구의 수장이 된 것은 공산주의에 강경하기 때문이라는 이야기가 있습니다. 사실 홍콩을 반환받은 중국은 저를 눈엣가시로 여기고 있습니다. 그러나 저는 이 점을 매우 자랑스럽게 생각합니다.

선한 사람들은 남들도 당연히 자신과 같이 선하리라고 생각합니다. 그래서 그들에게 공산주의자들의 치밀한 음모를 설명하고 이해시키는 것은 의외로 어렵습니다. 선한 사람들은 음모를 잘 믿지 않지요. 그들 자신이 선하기 때문입니다.

교황청 인류복음화성성聖省 장관이었던 요제프 톰코 추기경은 공산주의자들을 매우 잘 알고 있습니다. 그분은 공산주의에 대해 아주 강경합니다. 톰코 추기경을 비롯한 당시 교황청 관계자들은 제가 강경론자라는 사실을 알고 저를 신뢰하게 되었습니다.

저는 공산주의 나라인 중국에서 공산주의와 싸운다는 것이 얼마나 힘든 일인지 잘 알고 있습니다. 그러나 특히 인권과 관련된 도덕적인 문제에 관해서 의견을 표명하는 것은 교구를 맡고 있는 사람으로서 의무라고 생각합니다.

홍콩반환 6주년이었던 2003년 중국 정부는 중국 공산주의 체제에 반대하는 자는 누구라도 처벌하는 가혹한 국가안전법을 제정하려 했습니다. 저항할 수밖에 없었지요. 홍콩시민 650만 명 가운데 50만 명이 참여하는 대규모의 대중집회가 열렸습니다. 결국 국가안전법 제정은 무산되었습니다.

저는 그때 시위 행렬의 출발 지점인 빅토리아공원에서 시위대를 축복한 후 교회로 돌아가 기도를 바쳤습니다. 시위행렬에 참여하지는 않았지요. 제가 할 일은 기도하는 것이었습니다. 저도 시위에 참여하고 싶을 때가 많습니다. 그러나 사람이 언제나 하고 싶은 대로 할 수는 없지요.

나를 강경파라고 말하는 사람들도 있어요. 젊은 시절부터 나는 직설적으로 솔직하게 말해왔습니다. 말을 조심하지 않고, 성격이 급해 화가 나있는 듯 보일 수 있습니다.

나도 내 급한 성격에 주의를 할 필요가 있고, 어쩔 때는 어조를 누그러뜨릴 필요가 있었다고 생각하죠. 하지만 내가 사람들에게 좋은 인상을 주기 위해 해야 할 말을 하지 말아야 한다고 생각하지는 않습니다.

제가 홍콩교구장이 된 이후 중국 애국교회의 어떤 성직자가 "젠 주교는 바티칸과 중국 사이에 장애물이다. 그는 중국정부에 대단히 적대적인 사람이다"라고 비난했습니다. 어떤 관리들은 저를 "바티칸에서 보낸 스파이"라고 인신공격했습니다.

이번에도 애국교회의 한 성직자는 "요한 바오로 2세 교황이 폴란드의 공산체제에 위협이었던 것처럼 젠 추기경은 중국정부에 위협요소이다"라면서 저를 경계했습니다.

하지만 이것은 그들의 오해입니다. 나는 중국정부의 정책을 비판하는 것이지 중국정부 자체를 부인하지는 않습니다.

한 나라에서 종교 자유를 누리는 것은 지극히 정상적인 것입니다. 중국의 가톨릭 신자가 종교의 자유를 누리면 이들 신자들은 나라를 위해 봉사하고 공헌할 것입니다. 나라와 교회 모두에도 좋은 일입니다.

애국교회 성직자들이 진정으로 나라를 사랑한다면 정부가 사회의 화합을 위해 종교의 자유를 모두에게 허용하도록 정부 지도자들을 설득해야 마땅합니다. 저는 중국 지도자들이 더 이상 가톨릭교회를 두려워하지 말고 더 많은 자유를 허용해주기를 바랍니다. 그래야 중국정부 지도자들도 국제 인권 무대에서 고개를 들고 다닐 수 있을 것입니다.

가톨릭 신자라면 누구나 공산주의의 무신론적 논리 때문에 공산주의에 반대할 것입니다. 종교를 부정하는 공산주의자들은 하느님의 교회를 이끌 지식도 권위도 가질 수 없습니다. 제가 겪어봐서 알지만 공산주의 박해보다 더 심한 박해는 없습니다. 공산당은 성당과 가톨릭 학교를 빼앗고 문을 닫게 했습니다.

중국공산당은 1989년, 신학을 가르치겠다는 저의 입국을 허락하면서 여러 차례 저와 통일전선을 형성할 수 있을지를 모색했습니다. 하지만 저는 공산당이 어떤 집단인지 알고 있었기에 중국의 함정에 빠지지 않았습니다.

바티칸이 저에게 교구장을 맡긴 것은 공산주의에 대항하는 강력한 목소리를 원했기 때문입니다. 전임 교황께서는 공산국가 폴란드에서의 성직자 경험을 통해 중국에서의 가톨릭에 대한 탄압을 잘 파악하고 계셨습니다.

교황님은 제가 공산주의를 잘 알고, 또 중국교회를 잘 안다는 이유로 저를 임명하셨습니다. 저는 교황님의 뜻을 따라 중국 내 종교자유를 위해 할 말을 해왔습니다.

전임 교황 요한 바오로 2세는 공산주의자들이 어떤 사람인지 너무나 잘 알고 계신 분이셨습니다. 교황께서는 1991년 5월 "마르크스주의와 기독교의 조화는 불가능하다"고 분명히 말씀하셨습니다. 공산독재정권 아래에 있는 민중들에게 자유를 위해 투쟁하라고 격려했습니다.

폴란드 자유노조 지도자 바웬사조차 폴란드 공산정권을 무너뜨린 절반의 공로가 교황에게 있다고 말했습니다. 그래서 후진타오 주석은 2005년 인민대회에서 소련과 동유럽이 왜 무너졌냐면서 교황을 중국의 적으로 삼았던 것입니다.

공산주의를 꿰뚫어본 목자

　홍콩교구는 보편교회의 메시지를 중국교회에 전하는 다리와 같은 구실을 해왔습니다. 중국정부가 가톨릭을 심하게 공격할 수록 저는 더 목소리를 높여왔습니다.

　저는 홍콩교구 신자들에게 "당신들의 삶에 문제가 생길지라도 본토 신자들을 위해 관심을 보여라. 지금 이 순간 우리는 중국과 우리 자신 모두를 위하여 진실을 말할 수 있는 유일한 사람들이다. 우리가 지금 말하지 않는다면 역사가 우리에게 유죄를 선고할 것이다"라고 말합니다.

　신자들에게 고통받는 중국교회와 본토 신자들의 종교자유를 위해 늘 기도하자고, 신앙 때문에 희생한 많은 이들을 기억하자고 당부합니다.

자본주의가 중국에 밀려들고 있고 자금이 넘쳐나며 물질주의나 상대주의와 같은 반가톨릭 세력들이 중국에 스며들고 있습니다. 홍콩 역시 대단히 물질주의적이지요.

때로는 2003년 7월의 50만 명 민주화 집회 때와 같이 민주주의를 위해 강한 의지를 보이기도 했지만 중국 중앙정부가 홍콩에 경제적인 여러 가지 혜택을 주고 경제가 제 궤도를 찾자 홍콩 사람들도 이제는 예전만큼 민주주의를 위한 싸움에 힘을 쏟지 않습니다. 그래서 홍콩 사람들이 중국 본토 사람들에게 모범이 되지 못하고 있습니다. 아쉬운 일이지요.

그러나 물질주의는 절대 모든 것을 채워주지 못합니다. 따라서 종교가 여전히 중요한 역할을 하게 될 겁니다. 홍콩의 많은 가톨릭 신자들이 본토에 들어가서 여러 봉사활동을 하고 있습니다.

사랑을 실천하고 선행을 하는 사람들은 여전히 많이 있습니다. 중국의 영향력이 커지고 있는 상황에서 홍콩 가톨릭 신자들의 역할이 어느 때보다 절실히 필요하지요.

저는 지난 1998년 중국내 종교탄압 보고서를 교황청에 올린

뒤 7년간 본토출입을 금지당했습니다. 2002년 9월에는 헤이룽장성 반체제 주교 웨이징이가 체포되었습니다. 2003년까지 약 50명의 지하교회 주교가 체포되었는데 가택연금 당하거나 보호관찰을 받고 있습니다.

현재 중국은 제한적으로 종교활동을 허용하고 있지만 국가의 인가를 받은 성당에서만 미사를 드리도록 규제하고 있습니다. 중국 가톨릭 신자들은 공안의 탄압을 받을 각오를 하고 지하교회 미사에 참가하고 있습니다.

교황 베네딕토 16세는 추기경 서임식때 저의 이름을 부르며 당신이 중국인들을 얼마나 사랑하는지 알려주셨습니다. 저는 중국 신자들이 신앙을 위해 흘렸던 피와 땀과 눈물을 상징하는 옷으로 추기경의 붉은 옷을 입습니다.

세상 사람들은 중국에서는 신자들이 박해받고 있으니 가톨릭이 쇠락할 수밖에 없겠다고 생각하기 쉬울 겁니다. 그러나 그 반대입니다. 오히려 신자 수가 비약적으로 늘고 있습니다.

중국 가톨릭 신자 수는 매년 10퍼센트 이상씩 성장하고 있다는 통계가 나오고 있습니다. 인간의 눈으로는 이해하기 어렵지요. 중국 신자 수는 1,200~1,500만 명 정도 될 것이라고 추산합니다. 가톨릭교회는 중국에서 지금 성공을 거둬가고 있습니다. 공산당의 통제를 받으면서도 이미 애국교회의 주교단 3분의 2가 비밀리에 교황성하의 인가를 받았습니다. 최근 몇 년 동안 교황의 승인 없이 서품된 주교들은 성직자나 신자들 사이에서 인정받지 못하고 있습니다.

중국정부도 자기들이 임명한 주교들조차 중국정부보다는 바티칸의 말에 더 귀 기울인다는 점을 이제는 잘 알고 있습니다. 본토 내 모든 가톨릭인들이 이렇게 교황과 일치를 원하고 있는 만큼 오늘날 중국 가톨릭교회는 이미 하나입니다.

"유럽에서는 가톨릭교회가 시위에 동참하는 일이 거의 없다. 전임 교구장인 추기경은 언제나 조용하고 관대하셨는데 젠 추기경 당신은 항상 비난만 한다. 당신은 현재 정치운동마다 참가한다"면서 저를 과격한 사람이라고 평가하고 전임 추기경님과 비교하는 분이 많습니다.

사회문제에 대해 거침없이 의견을 표명하다 보면 비난을 많이 하게 되는데, 타인에 대한 비난은 자기성찰에 기초하는 가톨릭 정신과 모순될 때가 있습니다.

저는 불의에 대한 비난도 결국은 양심의 의무라고 생각합니다. 나는 중국을 사랑하기 때문에 중국이 더 잘되기를 바라는 마음에서 말을 합니다.

제가 너무 말을 많이 하면 공산정부가 교회를 더 박해할지 모른다는 두려움도 있습니다. 하지만 제 생각은 확고합니다. 이 사람 저 사람을 박해하는데도 우리가 목소리를 내지 않으면 장래에는 우리 모두를 박해해도 아무도 목소리를 내지 않게 될 겁니다. 그래서 우리는 바로 오늘 박해받고 있는 이들을 도울 의무가 있습니다.

불교와 같은 다른 종교 지도자들은 저와는 입장이 달라 마찰이 있습니다. 다른 종교들은 중국 공산정권에 순응하고자 하고, 때로는 대결이 아니라 평화를 위해서 노력해야 한다고 주장합니다.

교황님도 말씀하셨듯이, 정의가 없는 평화는 진정한 평화가 아닙니다. 정의를 해치는 일을 하면 비판해야 합니다. 어려움을 겪더라도 말입니다. 중국 공산정권의 속성을 안다면 중국정부를 비판하지 않는 것이 이상한 일입니다. 저는 중국 신학교에서 수년간 학생들을 가르치며 중국정부의 이중성을 속속들이 체험했습니다.

하지만 비난을 하다보면 대부분의 사람들이 자기성찰에 소홀해지는 경향이 있어 그 점이 걱정스럽습니다. 정치적인 일에는 지나치게 열중하면서도 그리스도적 삶이나 기도생활은 가벼이 여기는 성직자들도 나타나게 되죠. 우선 우리는 기도하는 사람들입니다. 기도는 사람들 눈에 띄지 않지만 방송과 인터뷰를 하거나 신문에 글을 쓰는 일은 훨씬 더 사람들의 눈에 띄게 마련이죠.

그래서 사람들이 제가 기도는 하지 않고 사회문제에만 관심이 있다고 오해할 수도 있습니다. 실제 '이 주교는 항상 이런 식이야'라고 생각하는 분도 있어요. 하지만 그런 면은 제 생활에서 큰 비중을 차지하고 있지 않습니다.

저는 늘 기도합니다. 그리고 사회참여 때문에 기도생활이 침해받지 않도록 스스로 균형을 지키려고 노력합니다. 교구민들을 자주 돌본다든가, 사제회의에 참석한다든가, 교구민들의 축하모임 등에 참석한다든가 하는 일에 적극적입니다.

저는 외국인 노동자나 장애인 같은 극빈계층 사람들에 대해 관심을 많이 쏟고 자주 찾아봅니다. 병을 앓고 있는 이, 교도소 수감자도 자주 돌아봅니다.

이렇게 사제의 임무에 더 충실하려 합니다. 그쪽이 더 중요하니까요. 주일미사 강론을 책으로 엮어 매년 한 권씩 출판했고, 2년 전부터는 장차 신부가 되고자 하는 중등학교 청년들을 돌보고 있습니다. 매일 밤 이 청년들과 많은 시간을 보냅니다. 저

는 사회문제와 관련된 일만 하지 않습니다. 아주 적은 부분일
뿐이죠.

다수라고
동의할 수 없어요

장 익 주교

5월의 저녁 어스름, 춘천 애막골성당에서는
아름다운 소리를 하느님께 모아 올리겠다는 '아우름' 성가대
창단미사가 있었다. 장익 요한 주교는 미사 후에 제의를 벗고
편한 옷차림으로 신자석 맨 앞자리에 앉아
지그시 눈을 감고 성가대의 노래를 듣고 있었다.

장면 총리의 아들, 교황 요한 바오로 2세의 한국어 선생님,
몇 개 국어에 능통한 사람, 가톨릭문화예술 창달자,
성서백주간 보급자⋯ 무엇이 오늘의 그를 만들었고,
그는 이 세상에 어떤 변화를 주고 있는지
그의 과거와 현재를 들어보기로 했다.

기를 쓰고 논 어린 시절

　어린 시절 우리는 아주 기를 쓰고 놀았습니다. 지금처럼 학생들이 수업 끝나고 학원가는 것은 구경도 못했습니다. 시험 때나 되어야 할 수 없이 공부 조금 했지요.

　우리 동네 골목에서 나와 비슷한 또래 아이들이 아랫집 윗집 해서 한 열한 명 정도 됐어요. 나이가 위아래 서너 살씩 차이 났는데, 책가방 던져놓고 그냥 동네를 돌아다니면서 난리를 쳤지요. 집에서 불러야 들어와서 저녁 먹었어요.

　요즘은 "애들이 갈 데가 없다, 시설이 없다"고 그러는데, 자기들이 발굴해서 놀면 되는 것이지 무슨 시설이 필요하고 돈이 왜 필요해요. 딱지치기부터 굴렁쇠, 자치기, 연날리기 그리고 친구 집가서 떠들고 놀다가 끼니때 되면 그냥 눌러앉아서 기도하고, 우리 집에 오기도 하면서 그랬지요. 그리고 밤에는 아버지 주무신 다음에 불 켜놓고 코피가 나도록 새벽 2시까지 소설책 읽고 그랬어요.

성적도 90점, 100점 맞을 필요가 없어요. 우리 학교에서는 성적을 정책적으로 평균 75점에다 두었어요. 그게 옳다고 생각합니다. 아이가 배운 것의 75%를 내 것으로 소화했다면 상당히 괜찮은 것이잖아요. 절

매주 우리 가족은 다 같이 미사를 드리고, 아버지가 집에 계실 때는 식구들이 항상 같이 앉아서 기도하고 했지 잔소리는 없었어요. 잔소리하실 일이 없으셨어요.

어렸을 때는 기도하기 싫고 어찌고 그런 것도 없었어요. 가족들 다 하는데 빠지는 게 어디 있어요. 생전 아버지가 큰소리 내시는 일도 없고, 우리 어머니도 그러셨고.

참! 하나 생각나는 것이 있어요. 10살 때인가 한 번 아버지한테 된통 야단맞은 적이 있어요. 주일미사 갔다 와서 별것도 아닌데 무얼 물으시자 얼떨결에 거짓말을 했어요. 그때 아버지께서 "너 지금 영성체하고 온 그 입으로 거짓말을 하는 거냐?" 하

시며 호되게 꾸지람 하셨지요.

부모님도 애들 앞에서고 뒤에서고 다투시는 것을 본 적이 없어요. 그래서 믿지 않으시겠지만 모든 부모들은 다 그런 줄 알고 자랐어요.

해방 후 우리 형제들이 한창 중학교를 다니던 시절 초대 주미 대사로 가신 아버지가 웬일로 미국에서 연필을 한 줌 보내오셨어요. 그때는 우리나라 연필이 깎기도 힘들고 심이 고르지 않아 공책이 긁혀 찢어지기 일쑤였죠. 그런데 어머니는 아무 말 없이 그 연필을 몽땅 다락 구석에 올려놓으셨어요.

공연히 좋아하다가 어이없어진 우리가 "그 연필 좀 쓰면 안될까요?" 하고 여쭈었더니 "너희들도 딱하지. 생각해보려무나. 아버지가 미국 계신다고 너희들만 그런 연필을 쓰면 다른 아이들 마음이 어떻겠니?" 하며 조용히 타이르시는 거예요.

결국 우리는 그 좋은 연필 한 자루도 써보지 못한 채 6·25를 맞았지요.

그리고 어린 시절 우리가 형제간에 하루가 멀다 하고 괜한 싸움이라도 하면 "왜들 자꾸 이러니? 이다음에 서로 헤어지고 나면 보고 싶어도 서로 못볼 걸" 하며 나무라셨어요.

아니나다를까 우리 식구는 어쩌다 보니 결국 오늘까지도 온 세상에 흩어져 살게 되었지요.

어머니에 관해 유난히 기억에 남는 일이 있습니다. 어느 초여름 오후 학교에서 돌아왔는데, 집에서 일하던 이가 어머니 앞에 털버덕 주저앉아 "제게 화를 내시든가 하시지 어쩌란 말씀입니까?" 하며 목을 놓고 우는 것입니다. 사연인즉 그이가 평소 손버릇이 나빴는데 어느 날 무엇인가를 또 훔쳐 넣다가 그 자리에서 발각이 난 거예요.

스스로 집을 떠나겠다고 서두르기에 어머니는 그래도 월급을 챙겨서 보내려고 그이의 방문을 여셨는데 그이가 꾸리고 있던 짐 속에 식구들 은수저가 훤히 보이더랍니다. 어머니는 그것도 못 본 체하시며 당황하는 그이에게 말없이 월급을 건네주고 문을 닫으셨던 것입니다.

또 한번은 날이 저물 무렵, 저녁 지을 쌀을 푸러 뒤꼍에 있는 광문을 열었더니 컴컴한 광 안에 검은 치마저고리 차림의 어느 낯선 여인이 서있더랍니다. 얼마나 소스라치게 놀라셨겠어요.

그 여인도 놀라 빌면서 아들이 아편쟁이가 되어 살림이 다 거덜나버려 이젠 끼니조차 잇기 어려워 이런 몹쓸 짓까지 하게 되었다고 흐느끼며 털어놓더래요.

그 기막힌 사연을 다 들으신 어머니는 오히려 그후로 두고두고 그 모자 걱정을 하며 뒤에서 은밀히 도와주셨어요.

요한 바오로 2세 교황께서 내한하시어 제가 시중드느라 바쁜 일정을 보내고 있는데, 그 어른의 개인 비서가 뜻밖에도 어머니를 모시고 오라고 하셔요.

이른 아침 서둘러 교황님께 모시고 갔더니 어머니는 그저 "황송하옵니다"만 연발하며 몸 둘 바를 몰라 하셨어요. 훗날 교황님 전속사진사가 친절하게도 그때 찍은 사진을 보내주어 어머니께 드렸더니 더없이 감격하시면서도 자식 덕으로 남다른 특혜를 입었다며 남들이 볼세라 다락에 깊이 넣어 두고 가끔 혼자서만 꺼내보곤 하셨지요.

어머니가 혼자 되어 20여 년을 호젓하게 사시게 된 후로 저는 겨를이 나는 대로 성체를 모시고 찾아가 뵈었습니다. 그럴 때면 어머니는 밝은 창가에 그림같이 고요히 앉아 마음을 가다듬고는 기다리고 계셨어요. 그것은 이렇다 할 효행 하나 못 해 드리고 살아온 제가 드릴 수 있는 유일한 기쁨이었습니다.

하지만 정말 받는 편은 저였어요. 그 경건하고 안온한 모습의 어머니와 아무 말없이 다정하게 단둘이 머물던 귀한 순간들은 시간이 멎은 듯한 행복이었습니다.

우리 집안이 부유하지도 않고 장사를 하는 것도 아니고 아버지 월급 가지고 아껴서 살았지요. 부모님들이 우리보고 "너희들 중에 너는 뭐 공부해라, 어느 학교 가라" 이런 말씀 한 번도 하신 적 없습니다.

옛날엔 방학숙제라는 게 몇 권씩 되었습니다. 뺀질뺀질 놀다가 내일모레 개학 닥쳐서 죽을 지경이 되어 엎드려 하고 있어도 아무도 안 도와줘요. "네 것은 네가 해" 이거예요. 우리 큰형은 모범생이라서 성적이 항상 좋았는데 성적 좋다고 칭찬한 적도 없고, 나쁘다고 꾸지람한 적도 없었어요.

7남매를 학교 보내면서 학부형회의에 단 한 번도 안 나오셨습니다. 입학시험도 알아서 깜냥대로 하다가 붙으면 좋고 못 붙으면 말고 였어요.

다만 우리 어머니는 "너희들 뭐를 해도 다 좋은데 정치는 하지 마라"고 당부하셨습니다. 하도 끔찍한 게 많으니까.

우리 7남매 중 5명이 대학, 대학원에 다니고 있을때 아버지가 가족회의를 소집했어요. 아버지가 "너희들 아버지 얼마 버는지 알지? 그러니까 열심히 공부해서 장학금을 타든가, 아니면 달리 어떻게 해봐" 그러세요. 그후 집에서 학비 타서 공부한 애들이 한명도 없습니다. 단 한 푼도 안받고 다 고학했어요.

큰 형은 기계를 잘 만져 학교 연구조교로 있으면서 밤 1시, 2

시까지 남의 연구실 기계까지 수리해주고 그것으로 벌어서 살았어요. 누나는 방학때 탁아소 다니면서 아기들 돌보아주면서 돈을 벌어 학교 다녔지요. 그 아래 형은 건축을 했었는데 선반 공장에 가서 만날 시커멓게 되어 들어왔어요. 수입이 제일 많았지요.

그리고 나는 특별한 기술이 없어 미국사람 집 잔디도 깎아주고 정원일 하러 다녔어요. 내 바로 아래 녀석은 우편배달하러 다니고, 또 막내 녀석은 12, 13살 때부터 여름에 골프장 캐디 하러 다녔어요. 한푼이라도 더 벌겠다고 골프가방 하나도 아니고 두개씩 짊어지고 땡볕에 얼굴이 새빨갛게 땀띠가 나도록 다녔어요.

부모님께서 걱정하실까봐 아프거나 무슨 일이 있어도 하나같이 "잘 있습니다" 하는 편지만 드렸어요.

제가 사제가 된 것은 어릴 때부터 부모님 영향이 큽니다. 부모님들이 말없이 신앙으로 사신 분들이에요. 하나에서 열까지… 또 우리 다니던 혜화동성당에 주임으로 계시던 성 베드로 신부님이 참 훌륭한 분이셨어요. 그분의 영향도 받았어요.

6·25동란 중에 부모님은 미국에 계셨는데 집에 포탄이 떨어지고 우리를 보살펴주던 외삼촌도 인민군들에게 잡혀가 참으로

난감했지요. 당시 중학교 5학년, 지금으로는 고등학교 2학년이었는데, 전시라서 학교도 다닐 수 없었지요. 군대 갈 나이도 안 되고….

그때 아버지는 초대 주미대사라고는 했지만 가방 2개만 가지고 부임하여 미국에서 집도 절도 없이 애쓰다가 겨우 대사관을 열자 6·25가 터진 그런 상황이었습니다. 유학 같은 건 원치않던 부모님도 하는 수 없이 "너희들 그러면 일단 미국으로 와라" 그러셨어요. 그래서 손아래 동생 레오를 데리고 미국으로 가게 된 거지요.

거기서 우선 이민 온 사람들에게 무료로 영어를 가르치는 학원에 가서 배웠는데, 아버지가 "어떻게 할 작정이냐? 어려서 신학교에 가겠다는 말도 했는데 지금도 그런 생각이 있는 것이냐. 네가 잘 생각해서 결정해라" 하시더군요.

중학교 때 용산 신학교 이재현 학장 신부님을 찾아뵌 적이 있었어요. 그때는 제가 몸이 아주 허약했는데, 신부님이 저를 보시더니 "신학교 생활이 엄한데 네 건강 가지고 어떨지 모르겠으니 학교를 마저 졸업하고 나서 다시 잘 생각해보고 정하지" 하시는 거였어요.

그때 생각이 나서 "신학교 가볼 생각은 여전히 하고 있습니다" 했더니 "알았어" 하시고는 긴말은 안 하셨어요.

그뒤에 아버지가 어떻게 주선하셔서 메리놀 신학교에 손님 신학생으로 들어가게 됐지요. 그런데 통 말을 알아들을 수가 없는 거예요.

그래서 마냥 독서실에 들어앉아 책하고 씨름하면서 죽기살기로 외로이 공부했어요. 그렇게 시작한 신학교 생활이 결국 10여 년 이어진 겁니다.

아버지 장면은 신앙인

아버지는 무엇보다도 신앙인이셨어요. 이승만 대통령이 부산 피난정부 시절 자의로 헌법을 주물렀다 폈다 마음대로 하려던 시절 얘깁니다. 이 박사가 총리를 지명할 때마다 이를 인준해야 할 국회에서 여야 모두가 거부를 하는 거예요.

이 박사가 "도대체 그러면 누구를 하란 말이야?" 하고 물었더니 여야 할 것 없이 장면이면 좋겠다고 했대요. 그때 아버지는 정치인도 당원도 아니고 미국에서 전쟁 중인 가난한 나라 대사 노릇하느라 고생하고 있던 때입니다.

그런 그를 3표인가 4표만 반대하고 의원 모두가 압도적으로

지지하자 그때부터 이 박사가 아버지를 정적으로 보기 시작한 것 같아요. 50년대 초 위기정국을 맞아 모두가 이렇게 총리를 하라고 하니 마지못해 부산에 가서 이승만 박사하고 담판을 했답니다. "총리권한을 헌법대로 보장한다면 맡겠지만 그저 앉혀 놓기만 한다면 안하겠다"고요.

그렇게 해서 내각책임제 총리를 맡게 된 것을 이 박사가 다시 뒤집은 거죠. 갑자기 아버지를 대통령특사로 임명해서 참전국에 사례차 국외로 내보내 놓고는 헌병대를 시켜 국회의원들을 잡아 가두어놓고, 총리비서진을 국제공산당으로 몰아세우며 어거지로 헌법을 대통령제로 다시 뜯어고치는 이른바 부산 정치 파동이 벌어졌던 겁니다.

이런 상황을 더 이상 좌시할 수가 없어 아버지는 그때부터 결국 정치에 뛰어든 겁니다. 근 십 년에 걸쳐 전제정권에 반대하는 고난의 민주화운동이 시작된 것이죠.

제2공화국을 탄생시킨 4·19의 뿌리에는, 3·15 부정선거에서도 터져 나왔듯이 여러 해에 걸친 자유당 독재에 대한 필사의 투쟁과 희생이 깔려있었습니다. 아버지가 약한 사람이라면 그 선두에 서서 저항할 수 있었겠습니까.

그때 이 박사는 연세가 높으셨어요. 만약에 대통령이 유고하면 부통령이 승계하게 되어있었기 때문에 이기붕 씨를 부통령 후보로 내놓으면서 무지막지한 선거부정을 저지른 겁니다. 그랬는데도 진정 민의로 아버지가 부통령 당선이 되었던 거지요.

부통령에 부임했는데, 말이 부통령이지 연금생활이나 마찬가지였지요. 누가 찾아왔다가 가기만 해도 보안부에 끌려갔고요.

아버지를 겨냥한 저격사건도 일어났지요. 손에 총상을 입었으나 다행히 목숨을 건지셨고 연설은 흔들림 없이 끝까지 하셨어요. 그러다가 4·19가 나고 제2공화국이 들어선 겁니다.

4·19 끝이라서 학생들도 드세고 소요도 잦으니까 주위에서 아무래도 치안강화를 해야 된다고 건의했지만, 아버지는 끝끝내 신념과 원칙을 굽히지 않았습니다.

"강압적인 정권유지를 절대로 안하겠다는 국민과의 약속을 어길 수는 없다. 사람들이 지금까지 꽉 억눌려만 살았기 때문에 한번은 끓어 넘칠 수밖에 없다. 그렇게 끓어 넘쳤다가 '이렇게 해서는 나라가 안되겠구나' 하는 자성이 절로 생겨야 정치적 성숙이 이루어져 비로소 민주주의가 다져지게 된다. 그러니까 아무리 상황이 어려워도 참아내야 한다"고 굳건히 버티었습니다. 남다른 외유내강으로 일관한 분입니다.

그렇게 해서 단 한차례의 탄압도 없이 소요도 잦아들고 민주당 신·구파의 알력도 수습이 되어 가면서 혼란이 점차 줄어들었죠. 그런데 그전부터 쿠데타를 노리던 사람들은 말하자면 명분이 점점 없어질까봐 서둘러 5·16을 일으킨 겁니다.

사람들은 아버지가 쿠데타 세력에 순순히 정권을 내주었다고 하는데 그게 아닙니다. 아버지는 신앙인으로서 무력을 절대로 거절하는 사람이었어요.

미국에서 귀국할 때, 어지러운 세상이니 권총이라도 한 자루 소지하시라고 누가 선물로 드렸는데 아버지 말씀이 "총칼이라는 게 결국은 사람을 죽이는 연장 아니냐. 내가 죽으면 죽었지 이것은 결코 사용 못한다" 하며 귀국하자마자 권총을 경찰에 줘버렸어요.

아버지는 무엇보다도 신앙인으로서, 또 인간으로서, 유혈까지 해가면서 정권을 유지하지 않겠다는 생각이 확고하셨어요.

아무리 정권유지를 위해서라도 자국의 군대끼리 서로 피를 흘리는 것은 용인 못하겠다는 확신이 섰던 겁니다. 아버지는 그런 신념이 있었지만, 구구하게 변명하지 않고 무겁게 입을 다물었지요. 합법적으로 제대로 선출된 정권을 유지 못한 책임이 역사 앞에 있으니 평생 침묵하셨던 겁니다.

그런 아버지를 도리어 소위 '혁명'정권은 적반하장으로 '반혁

명적' 역적으로 몰아 투옥까지 했던 거지요.

쿠데타세력은 자기들의 행위를 정당화해야 하니까 "민주당 정권은 부패하고 무능했었다, 무질서해서 나라가 위태했다"고 폄하하면서 이런 조직적인 악선전을 교과서에까지 두루 쓰게 했던 거예요.

그렇게 수십 년을 끈질기게 세뇌했으니 지금까지도 사람들은 제2공화국 하면 아무 소용없던 '무능력한 정권'이라는 어이없는 이미지가 뇌리에 박혀있지요.

총리라고 교통신호 무시해가며 오토바이 앞세우고 시민들을 밀치며 마구 달려서는 안된다며 적신호에는 꼬박꼬박 차를 멈추게 하셨어요. 나부터 법과 질서를 지켜야 한다고. 총리 집무 시절에도 늘 어머니가 도시락을 싸드렸어요. 다른 관료들도 하는 수없이 도시락을 싸들고 다녔답니다. 제2공화국이야말로 부패가 정말 없던 시대였다고 봅니다.

아버지는 그런, 어쩌면 작아 보여도 큰뜻이 있는 문제에 아주 분명하고 단호했습니다. 나중에 아버지를 두고 "우유부단했다, 무능했다, 부패했다" 얘기하는데, 천만의 말씀입니다.

더 큰 틀로 말하더라도, 많은 뜻있는 분들과 힘을 모아 경제 1차 5개년계획수립, 국토종합개발안, 공무원법 제정과 청탁 없는 시행, 지방자치제, 공정선거, 군비축소와 군사력첨단화 방안 등이 실제로 시작되었습니다. 한미·한일관계 개선을 위한 막후 교섭도 상당히 진전되고 있었던 것으로 압니다.

제2공화국 이야기에 앞서, 더 기본적으로, 대한민국 설립과 관련하여 천주교회의 결정적 숨은 기여에 관해 한 말씀드리고 싶습니다.

1948년, 대한민국이 한반도 유일의 합법정부로 인정받은 것도 알고 보면 기막힌 사연이 있습니다. 원래 유엔위원회 감독하에 남북이 동시에 선거를 해서 나라를 세움과 아울러 미군, 소련군이 다 나가기로 합의가 됐던 겁니다.

그런데 이북에서 총선거를 거부하는 바람에 남쪽에서만 선거한 결과를 가지고 한반도 전체에 대한 합법정부라는 말을 할 수가 있느냐 없느냐는 문제를 놓고 유엔위원회에서 논의가 벌어졌는데 표가 딱 반으로 갈라졌어요. 그래서 1948년에 파리에서 열린 제3차 유엔총회의 결정을 묻기로 한 거지요.

아버지가 한국대표로 갔는데 총회 의장이 마침 소련사람이라서 의안을 상정조차 안시키더랍니다. 그 무렵 유엔회원국이라곤 50여 개국밖에 없었는데 한반도가 어떤 역사를 거쳐 어떤 상황에 놓였는지, 아니 어디에 붙어있는지도 잘 모르는 의원들도 있더랍니다.

그런데 그때 파리에 주재하고 있던 교황대사 롱칼리 대주교가 후일의 교황 요한 23세이고, 당시의 교황님은 비오 12세, 국무부 실무자는 몬띠니 대주교로서 나중에 교황 바오로 6세가 되신 분입니다.

이분들이 막후에서 소리없이 참으로 많이 도와주셨어요. 상황을 올바로 알리고 여러 회원국 대표단들과 만남을 주선해주셨습니다. 문제의 의장이 의안을 깔고 앉아있는 동안 그렇게 해서 오히려 시간을 벌수 있었고, 다행스럽게도 폐회 이틀 전인가 소련인 의장이 병에 걸려 부의장이 대신 사회를 맡게 됐는데, 그 기회에 대한민국을 한반도의 유일한 합법정부로서 인정하는 결의문이 압도다수로 채택된 것입니다.

그것은 그저 하나의 기적 같은 우여곡절이라기보다, 우리나라의 주보이신 성모님이 베푸신 12월 8일 축일의 은혜라고 아버지는 믿었습니다. 1948년 12월의 놀라운 일입니다. 그때 바티칸에서 도와주지 않았더라면 유엔총회의 승인은 아마 받지 못했을 겁니다. 대단히 중요한 사건입니다.

참고로 말씀드리면, 로마 사도좌에서는 정부도 수립되기 전인 1947년에, 외국으로서는 처음으로 우리나라에 교황사절을 보냈습니다. 6·25때 자진 납치되어 이북에서 순교하신 방Byrne 주교님이 그분입니다.

그런 지 2년도 채 안된 1950년 여름 6·25전쟁이 터졌어요. 파죽지세로 남하하는 인민군 앞에 나라는 풍전등화였지요. 주일날 새벽에 전쟁이 터졌지요.

트루먼 대통령은 그때 어딘가 가서 쉬고 있었는데 주미대사인 아버지가 트루먼을 찾아가 눈물로 호소하며 지원을 청한 거예요. 다행히 트루먼은 그때 이 전쟁의 심각성을 감지하고 있었어요. 스탈린을 막지 못하면 온 세상 평화에 큰일이 난다는 거죠. 김일성도 그 노선의 일부로 적화통일에 나섰던 거지요.

실로 가공할 일이었어요. 그래서 미국을 비롯한 유엔군의 즉각적인 참전이 이뤄진 겁니다. 바로 저 1948년의 유엔 승인을 근거로 한 유엔군의 참전이 없었다면 전쟁은 인민군의 압승으로 반년 만에 끝났을 것입니다.

그렇게 나라를 살리느라 헌신했는데, 지금 일부 몰지각한 사람들은 "장면 대사가 미군을 끌고 들어와서 분단이 고착되어 버렸다. 그러니까 반민족적인 짓을 했다"고 합니다. 어이가 없을 따름입니다.

다수라고 동의할 수 없어요

우리 교회가 깊이가 없고 이념적으로 편향된 면이 아주 없진 않습니다. 제2차 바티칸 공의회 이후에 오히려 공의회 본래 취지에서 일탈한 혼란을 많이 일으킨 것도 사실입니다.

신학자들과 사목자들 중에 공의회 정신을 얘기한다면서 자기들의 사견만을 주장한 사람도 있었습니다. 신학자들의 말이라 무게가 있는 것처럼 보이니 사람들만 혼란스러울 따름이지요.

이런 혼란은 초기교회 때도 있었어요. 그리스도 신성의 문제가 그런 예입니다. 제2차 바티칸 공의회 이후 공의회의 본래 뜻과는 맞지 않은 쪽으로 나름대로 해석한 것을 여과 없이 주장하는 사례가 많았어요. 그러면 언론만 신나는 거지요.

언론에서는 여기저기서 신학자 불러다가 대담이다 토론이다 자리 마련해서 뭔가 큰 소리가 나는 사람이 있으면 재미있으니까 불러서 얘기를 시키지요. 그러면 그것을 본 사람들이 '아, 그래도 신학 가르치는 사람이 저렇게 말하는데 그렇게 이해해야지!' 하면서 혼란이 생기고 분열이 일어나는 거예요.

개인주의화 돼가는 자본주의사회에서 우리 신앙도 '장바구니 신앙'이 되고 있어요. 장바구니 들고 큰 가게에 가서 내 입맛에 맞으면 사고 아니면 안사는 것처럼 우리 소비경제가 신앙인들도 그렇게 길을 들여서 마음에 들면 좋고, 아니면 '난 싫어' 하면 그만인 거죠.

가치나 진리에 대해 공유하는 그런 합의가 없어지면 인간관계를 서로 건실하게 유지하고 뜻있게 꾸려나가기가 어려워집니다. 더더구나 교회는 말할 수 없이 어려워지지요.

내 생각이니까 옳다는 것이 아니지요. 옳아야 옳은 것이지요. 요즘 민주화, 민주화하면서 '다수가 그렇게 생각하고 원하면 그것이 옳지 않겠느냐' 생각하는 사람이 많은데, 저는 그것에 대해서 선뜻 동의를 못하는 사람입니다.

인류사에서 20세기같이 어마어마하게 생명을 짓밟은 시기가 없습니다. 세계대전과 민족분쟁으로 얼마나 끔찍했습니까. 그런데 종족분쟁, 종교분쟁, 국가간 전쟁에 많을 경우 90%이상의 지지가 있었습니다.

일본이 군국주의로 치달을 때, 일본 국민 대다수가 만세 부르면서 지지했어요. 독일에서 히틀러를 지지한 사람이 극소수였습니까? 아닙니다. 스탈린과 모택동은 또 어떠했습니까. 엄청났습니다. 예수님도 다수결로 죽이지 않았습니까?

그러니까 저는 과반수다, 51%다 하는 걸 쉽게 안믿어요. 100사람 중 51명만 손들면 무슨 일이든 옳은 일이 됩니까? 현대 정치제도에는 다수결이 옳으냐, 옳지 않으냐를 판가름해줄 장치가 없어요. 상대방보다 의석을 한 석이라도 더 가지고 있으면 그만인 거예요. 그러니까 의석 차지하느라고 아귀다툼이지요.

히틀러가 집권하고 이루 말할 수 없는 악법들을 제정했는데, 그 과정에서 법 형식을 어긴 적은 한번도 없었답니다. 실정법만을 존중하다보면 그런 히틀러의 행위가 다 옳았다는 얘기가 되는 것 아닙니까.

요즘 일본에서 "당시 국제법 절차를 지켜 전쟁선포를 하고 그에 따라 치른 대동아전쟁, 태평양전쟁은 합법적인 것이었다. 힘이 달려서 패전했을 따름이다"고 주장하잖아요. 패전국이어서 전범으로 몰렸을 뿐이라는 얘기지요.

그러니 법 형식만 가지고 따지다 보면 말이 안되는 경우가 많습니다. 그렇다고 성인 같은 사람이 통치자가 되면 제일 좋을 것 같은데, 성인들은 좀처럼 통치자로 안나서거든요.

교회도 이념편향 넘어서야

요즘 우리들이 살아가는 모습을 보면 극도의 개인주의화가 큰 문제입니다. 지금의 자유주의, 자본주의가 극도의 개인주의와 이념화된 상대주의로 쏠릴 위험이 짙어요. 요즘 학생들 머리 단정하게 깎으라고 하면 우선 인권침해부터 들먹이잖아요.

자신의 본분에 대한 얘기는 안 들으려고 합니다. 책임없는 참 자유란 없는데 말입니다.

요즘 교회에서도 어떤 이슈를 들고 나오는 움직임들을 가만히 보세요. 성서의 어떤 대목만을 골라서 자기들 뜻에 맞게 내세우는 듯합니다.

내가 듣고 싶고 남에게도 들려주고 싶은 대목만 골라서 쓰면 성서 말씀을 '써먹는' 게 되는 게 아닐까요. '모든' 말씀에 순응하는 마음으로 겸허하게 귀를 기울여야지요.

자기가 감당해야 될 몫이 조금이라도 부담스럽게 느껴지면 권리부터 주장하고 어떠한 고통도 외면하려 하는 풍토가 되지 않을까 두렵습니다. 요즘 우리는 맡아야할 것도 남에게 맡겨버립니다. 갓난아기도 집안일 돌보는 아주머니에게 맡기고, 조금 자라면 놀이방, 유치원에 맡기고 학원에 맡기고, 앓는 사람은 병원에, 간병인에게 맡기죠. 나한테 낙으로 돌아오는 게 아니면 그냥 안 맡는 세상이 되어가고 있어요.

"내가 죽어야 나를 찾는다"는 근본적 이치를 거부하는 것이지요. 그것이 모든 생명의 이치인데도 말입니다. 복음 말씀대로 "죽어야 산다" 얘기하면, "그런 소리는 너나 해라" 하는 세상이 된 걸까요.

고통 자체가 좋으니까 고통스럽게 살자는 얘기가 아닙니다. 인간의 생로병사는 진시황도 어쩔 수 없었듯이 고통 없는 삶이라는 것이 불가능한 얘기잖아요. 그러니 고통을 내가 어떻게 받아들이냐에 따라서 구원의 힘이 있다는 말이지요.

이 진리를 교회는 십자가를 달아놓고 얘기하는 것 아닙니까?

생각해보세요. 십자가는 원래 극악무도한 사람에게 내리는 천벌이 아니던가요. 그런데 바로 그 저주의 상징인 십자가가 은혜의 상징이 됐지 않습니까?

이같은 고통, 이런 죽음이 요즘 자본주의 사회의 눈으로는 이해할 수 없는 것입니다. 그러니까 죽음도 부정하고 고통도 부정하면서 행복추구다, 웰빙이다 난리를 치는 겁니다. '웰다잉'도 할 줄 알아야지, 웰빙만 찾다 보면 참생활을 못합니다.

74년도에 쓰신 〈그리스도 신앙, 어제와 오늘〉 번역문제로 베네딕토 16세 교황님을 처음 뵈었지요. 그 책은 서양의 종교사상을 기반으로 했기에 유럽권 바깥 사람들한테도 뜻이 정확히 전달될지 의문이었죠.

그래서 제가 책번역도 슬슬 해가면서 서강대 학생들한테 강의를 해봤어요. 생각보다 학생들이 굉장히 흥미를 가지고 듣더라고요. 그 말씀을 드렸더니 우리말로 옮겨도 괜찮다는 허락도 해주시고 그 번역판을 위해 흔쾌히 서문도 써주셨어요.

그 책이 매진이 되어서 82년 재판이 나왔어요. 또 한마디 써달라고 바티칸 신앙교리성을 찾아아 갔지요. "며칠 있다 오라"고 해서 갔더니 다시 타자로 글을 써놓으셨더라고요. 그렇게 새 교황님을 또 뵈었는데 많은 시간 얘기를 나누지는 못했습니다.

제가 로마에서 만난 마이스너 추기경말로는, 베네딕토 16세 교황은 소견을 제대로 갖고 있는 신학자가 한 12명 정도 들어앉아 있는 정도로 해박한 사람이라는 거예요.

신학뿐이 아니에요. 철학은 물론 사상사를 굉장히 깊이 아시는 분입니다. 진짜 제대로 된 학자이고 다른 한편으로는 천진난만한 어린아이 같은 신심을 가진 순수한 신앙인이라고 그랬어요.

그런데 언론에서는 베네딕토 16세가 교황이 된 직후 새 교황에게 덮어놓고 보수와 개혁, 이런 도식을 갖다대고 자꾸 흑백논리로 갈라놓고 얘기를 했는데, 이게 큰일이에요. 우리나라 언론도 서방 언론의 보수, 진보 논리를 그대로 수입해서 똑같은 잣대를 들이대고 새 교황을 보는 것 같았어요. 우리 언론인들이 공부를 너무 안합니다. 그래서 몰라도 한참 몰라요.

도대체 믿는다는 것, 믿는 사람의 실존이라는 게 근본적으로 뭐냐, 그것이 핵심이지 보수냐 진보냐 개방이냐 폐쇄냐 그런 좁은 틀에서는 신앙을 이해할 수 없습니다.

참된 신앙이라는 게 무엇인지, 그 문제를 끌어안고 씨름을 해야 참된 신앙이라는 그 본질이 역사, 문화적으로 또 교회 안에서 어떻게 받아들여지고 어떻게 생활에 반영되고, 또 어떤 문제에 부딪혔고 등등 볼 수 있게 되는데 말이죠.

　언론의 속성이 생리적으로 딱지 붙이는 것을 좋아해요. "이것은 뭐다, 저것은 뭐다" 그런데 새 교황님에 대해 물어보면 하나도 몰라요. 그분이 쓴 책 한번 읽어 본 적도 없고 그분이 무슨 말씀하는지 깊이 들어본 적도 없으면서 그냥 보수니, 노쇠한 유럽인이니 갖다 붙여요.

　새 교황이 과거 해방신학의 관심사였던 '고통 받는 이들, 소외된 이들'에 대해서 관심을 두지 말자는 뜻의 말씀을 하신 적이 없거든요. 그런데도 중남미 그쪽에서는 "교황께서 사람들의 삶의 현장을 모르고 덮어놓고 이론적으로만 대한다"며 반발하고 있습니다.

　동성애니 임신중절에 관한 새 교황의 견해에 대해 보수적이라고 하는데, 그것은 일반 사람들 입장에서도 타협할 수 없는 아주 굳건한 문제거든요. 우리가 동성애자나 임신중절에 대해 도덕적인 잣대를 들이대서 단죄하고 궁지에 몰겠다는 얘기가 아니잖아요. 그런 것들은 생명존중과 가정의 기본을 위협하는 굉장히 우려할 문제들입니다. 새 교황이 그런 문제점을 깊이 파악하시고 늘 일관되게 주장해왔던 거죠.

　새 교황이 20년이 넘게 교황 요한 바오로 2세 곁에서 일을 하신 것은 서로 친한 사이라서가 아니라 신앙에 대한 본질적인 이해라든지 현실에 신앙을 적용시키는 관점이 서로 같았기 때문이지요. 말하기 좋아하는 사람들이 "요한 바오로 2세는 어떤 사람들도 다 끌어안는 좋은 분인데, 베네딕토 16세는 딱딱하게 굴어" 하고 말하는데 잘못된 거지요.

일부 교회언론을 보면 신자들한테 신앙을 키워주는 것이 아니라 오히려 세상의 논리를 세속적인 시각으로 전해주고 있다는 생각이 듭니다. 이념편향적인 글들도 많고요.

요즘 우리 교회뿐 아니라 언론계 전체에 이념편향적인 냄새가 많이 납니다. 그걸 문제 삼으면 편집권 침해라고 하는 경우도 있고요. 그래서 지나치게 네편 내편 따지지 말고 조금 초연한 입장에서 말하는 신문이 하나쯤 있었으면 하는 것이 아쉬움이에요.

새 교황님에 대해서도 어떤 교회잡지에서는 가당치 않은 이념의 잣대를 들이대서 썼더라고요. 일반사람들이 그것을 읽고 교회 안에서도 보수, 진보로 갈라져 싸우는 줄 잘못 알게 됩니다. 그런 글들이 얼마나 무익하고 무책임한 것인지를 깨우쳐줘야 하겠지요.

누구나 기점을 바로 봐야 방위가 보이잖아요. 그런데 기점에 대한 애기는 없고, 논란이 되고 쟁점이 되어있는 부차적인 내용들만 문제 삼으니 안타깝지요. 요즘 우리는 '개혁'과 '변화'를 곧잘 외치는데, 근원적인 정체성이 든든하게 서 있고 나서 참된 변화도 있고 건실한 적응도 있는 게 아닐까요.

인간인 우리는 두 발로 걸어다니고, 드러누워서 자고, 먹고, 싸고, 껴안고, 괴로워하고, 기뻐하고, 슬퍼하고… 합니다. 이런 건 안 변해요. 앞으로 천 년 만 년 지나도 변하지 않습니다. 그러니까 정보화시대다 뭐다 해서 획획 변하는 것만 보고 휘둘리지 말고 변하지 않는 인간존재의 기본조건을 깊이, 새로이 생각해야 합니다. 그것부터 거듭거듭 제대로 봐야합니다.

사람이란 근원적으로 저마다 다 외롭게 사는 법이지요. 산다는 것이, 더불어 걷기도 하고 혼자도 살고, 그렇게 균형을 찾으면서 사는 것이지요. 늘 같은 생각으로 한 발 한 발 그날그날 사는 것이지요.

문화예술에 친숙해지면 신앙이 더 깊이있고 풍요로워지는 것 같아요. 교회 안에서도 음악이나 미술이 상당히 중요한 역할을 하지 않습니까?

제대로 된 신앙이면 내 삶 전체를 통합하고 의미를 부여하겠지요. 미술창작도 그것과 비슷하다고 생각을 해요. 제대로 된

작가라면 자기 삶 따로, 미술 따로가 가능하겠어요? 그냥 재간 부리는 것이라면 몰라도. 한쪽 발만 담가놓고 할 수 있는 게 아니잖아요. 삶을 다 걸어야 하는데.

그래서 문화예술이 종교신앙과 근원적으로 닮은 데가 있다는 생각을 합니다. 둘 다 나를 초월하면서 삶을 통합하고 존재 전체에 의미를 부여하니까요.

예술이나 종교신앙이나 '나 이제는 되었다' '나 이제 다했다' 이런 말이 있을 수 없잖아요. 죽기 살기로 창출을 다 해놓고도 그것을 또 부정해야 하는 게 구도자의 길이라 생각합니다.

끝없는 자기초월이 있어야만 사는 게 아닌가요. 나를 비우고 초월해야 나를 도로 얻는 게 아닐까요.

이제야 집에 왔구나!

제롬 마하르 신부
Jerome Machar

"진리를 아는 사람은 많아도 행하는 사람은 드물다.
사랑을 아는 사람은 많아도 행하는 사람은 많지 않다"
과연 이 말이 옳은 것일까?

진리를 행하는 사람들이 있기에,
사랑을 행하는 사람들이 있기에
오늘 우리의 삶이 가능한 것은 아닐까.

미국 트라피스트 수도원의 제롬 신부를 만나면서
진리의 길, 사랑의 길을 묵묵히 가시는 분들이
우리 곁에, 세상 곳곳에 늘 숨쉬고 있음을 확신한다.

막 구운 빵 냄새가

저는 1949년 1월 30일에 오하이오 주의 클리블랜드에서 태어났습니다. 어머님께서는 평생 동안 딱 세 번 미사에 빠지셨대요. 아기를 낳느라고. 저와 형제들이 모두 주일에 태어났거든요.

우리는 오래된 작은 마을에 살았는데, 모두가 미국으로 이민 온 폴란드계 사람들이었지요. 문밖에만 나서면 다 아는 얼굴들이었어요.

제가 두 살이 되던 해에 할아버지가 돌아가셨습니다. 1951년 5월이었지요. 어느 날 평상시처럼 할아버지를 깨우러 갔는데 일어나지를 않으시는 거예요. 돌아가신 거지요. 사람들과 경찰이 왔어요. 잘 기억이 나지 않지만 경찰이 할아버지를 데리고 갈 때 "우리 할아버지 꼭 깨워주세요!" 하고 말했던 것만은 기억해요.

어렸을 때는 늘 말썽꾸러기에 고집쟁이 아이였지요. 어느 날 잔디를 깎고 있었어요. 잔디를 다 깎아도 칼날이 계속 돌아가는 구식기계였어요. 그 돌아가는 칼날을 세운답시고 손을 집어넣었다가 손가락이 잘리고 말았지요. 다행히 어머니가 재빨리 제 손을 수건으로 감싸고 병원으로 가서 의사가 접합수술을 했기에 망정이지 큰일 날 뻔했었지요.

그 해 9월에는 아버지께서 사고를 당하셨어요. 아버지는 공구를 만드는 기계에 손이 딸려 들어가 그만 엄지손가락의 힘줄이 잘라졌어요. 저를 치료했던 응급실 의사가 똑같이 아버지 손가락을 치료했어요. 정말 힘든 한 해였어요. 아버지는 직장을 잃었고 어머니가 일을 다녀야만 했지요.

당시에는 수도원 성직자들이 집집마다 다니며 〈아베 마리아〉라는 잡지를 팔았어요. 한 부에 1달러씩 했지요. 어머니가 지갑을 열어보니 딱 1달러가 들어 있는 거예요. 그게 집에 있는 돈 전부였지요. 어머니는 "이 돈은 우리 가족을 위하여 쓰기에 너무 부족하다"라고 말씀하시면서 유일하게 남은 그 돈을 신부님 께 드리더군요. 그 일은 나에게 신앙을 가져야 한다는 것, 굳은 믿음을 가져야 한다는 것을 가르쳐주었습니다.

아버지와 저는 한밤중에 잔디밭에 물을 뿌리고 벌레를 잡았 습니다. 그리고 아버지가 야간근무를 마치고 집에 돌아오면 가 끔 에리 호수로 가서 낚시를 하곤 했습니다.

한 마리도 잡지 못했지만 아버지와 함께 낚시한다는 것만으 로도 너무 좋았지요. 가끔씩 같이 양을 돌보기도 하고 울타리를 손보기도 했습니다.

아버지는 공장에서 주로 야간근무를 하셨어요. 돈 때문에 학 교를 그만두고 직업전선에 뛰어들어야 했지요. 노래를 좋아해 서 교회 성가대에 들어갔는데 거기서 어머니를 만나셨대요.

아버지는 말씀이 많으셨던 반면에 어머니는 아주 조용한 분 이셨어요. 아마 나는 아버지 닮아서 시끄럽고 어머니를 닮아서 고집불통인가 봅니다.

어머니는 늘 "가진 것이 많지 않다고 행복하지 않은 것은 아 니다"라고 말씀하셨지요. 집안에는 항상 음악이 넘쳐났어요. 우리는 항상 노래를 불렀고, 걸어서 5분 거리에 성당이 있어서 항상 미사에 나가고 무슨 일이 생기면 성당부터 찾곤 했지요.

어머니는 크리스마스나 부활절 때면 늘 폴란드식 빵을 구워 수녀님들께 드렸어요. 빵을 가져다 드리는 것은 제 몫이었어요. 지금도 그때의 수녀님들을 기억하고 있답니다. 빵 바구니를 열면 막 구운 빵 냄새가 너무 좋았어요.

예수께서도 "가난한 것이 돈이 많은 것보다 더 행복하다"고 하셨지요. 저는 어렸을 적에 우리가 가난하다는 사실을 전혀 몰랐습니다. 식탁에는 항상 먹을 것이 있었어요. 집안에는 항상 웃음꽃이 피었었고요.

한번도 휴가여행을 못 갔지만 그렇다고 아쉬워하진 않았습니다. 갈 수 없다는 것을 다 알고 있었기 때문이지요. 마침 고모와 삼촌이 가까운 곳에 살고 있었어요. 친척집을 찾아가 뵙는 것이 아이들이 자라는 과정에서 아주 중요한 의미를 갖는 것 같아요. 가서 사촌들과 재미있게 놀았어요.

주위에 살고 있는 이웃들도 대부분 노동자였지요. 하루 벌어 하루 먹고 사는 사람들이었습니다. 다들 우리와 같은 사람들이었지요.

오늘날에는 아이들이 돈에 관심이 많습니다. 집안이 가난하면 아주 불행하다고 생각하지요. 그러나 가족과 함께 있다는 기쁨, 이 기쁨은 어떤 선물보다 더 컸습니다.

우리는 휴일이면 온 가족이 같이 시간을 보냈고, 식탁에는 충분하진 않았지만 음식이 있었고 어머니와 아버지가 성가대 활동을 했으므로 집안에는 항상 노래가 흘렀죠. 누군가에게 선물 줄 일이 있으면 집에서 직접 만들었어요. 숲에 가서 꽃도 꺾어다 꽂았고요. 가게에 가기 위해 돈이 필요치 않았지요.

이런 간단한 것들이 지금 생각하면 사실 아주 소중한 것이었습니다. 저는 지금도 그때의 장미 꽃잎을 가지고 있습니다. 자연의 선물인 셈이죠.

어머니 아버지는 서로를 사랑했어요. 미국 젊은 남녀들은 운전하다가 빨간 불에 걸리면 키스를 합니다. 우리 부모님도 틈만 나면 키스를 하셨어요.

늘 성당에서 같이 지냈고 항상 손을 잡고 다니시고 서로를 특별한 존재로 존중해주셨지요. 그리고 당신들의 사랑법을 우리에게도 가르쳐주셨어요. 우리는 집을 나설 때나 집에 돌아오면 서로 키스를 하고 포옹했습니다. 가족간의 따뜻한 관계를 중요시하였지요. 물질은 그리 중요하지 않았습니다.

한번은 어머니에게 드릴 선물을 사려고 돈을 모으고 있는 것을 보시고 어머니는 "너를 사랑한다. 사랑보다 더한 선물은 없어. 선물은 안해도 돼" 하시더군요. 중요한 것은 물질이 아니라 좋은 관계라는 것을 아주 어릴 적부터 가르쳐주셨습니다.

아버지도 똑같으셨어요. 아버지는 집을 화려하게 꾸미지 않았지요. 집은 아주 안락했지만 아주 심플했습니다.

아버지는 앞마당과 뒷마당만 있으면 된다고 했거든요. 앞마당을 얼마나 보기 좋게 가꾸어 놓았는지 사람들이 일부러 찾아와서 한참씩 들여다보곤 했어요. 뒷마당에는 잔디를 빼고는 다 없애버렸죠. 거기서 야구도 하고 축구도 하고 항상 놀이를 했습니다.

아버지 어머니와 마치 친구처럼 호스를 가지고 칼싸움도 하고 술래잡기도 하였습니다. 거실에서 레슬링도 하고 식탁에서는 형제끼리 서로 더 먹으려고 다투기도 하였습니다. 집은 사람이 사는 곳이지 유리궁전은 아니니까요. 사실 우리는 엄격하거나 예의 바른 가족은 아니었어요. 항상 시끄럽고 누구든 가족으로 생각하는 집안이었습니다. 아버지와 같이 어울려 지낼 때가 가장 행복했습니다.

어린 시절에 특별히 좋아했던 친구는 없습니다. 지금까지도 친구 한두 명밖에 없어요. 많은 사람을 알고 있지만 내 깊은 속마음을 주고받지는 못하거든요.

가족과 생활할 때는 그때가 좋았고 수도원에 있을 때는 또 여기가 좋아요. 수도원이 훨씬 조용하긴 하지만 각각 나름대로 좋지요.

가족끼리는 끈끈한 무언가가 있었어요. 형제간에 서로 돌보아주고 각각 사랑을 표시하는 방법이 있었지요. 가족간의 그런 끈끈한 유대관계는 어떤 공동체에서 살아가기 위한 준비였다고 생각합니다.

어떤 때는 가족간에 잘 지내기도 했지만 그렇지 않을 때도 있잖아요? 우리에게 문제가 생기면 부모님은 항상 서로가 협력해서 같이 해결해나가라고 했지요. 절대로 서로를 무시하거나 무관심하지 말라고 가르쳤습니다. 이것은 어떤 공동체 안에서도 꼭 필요한 것이지요.

하느님은 언제나 우리 가족의 일부였습니다. 그랬어요. 어머니는 저를 찾다가 없으면 "성당에 있겠지…" 하고 웃곤 하셨지요. 어렸을 적부터 기도는 제 생활에서 큰 부분을 차지하고 있었어요.

그런데 아버지가 돌아가셨죠. 열여섯 살 때였는데 그해 겨울 너무나도 우울해져서 거의 자살까지도 생각했었지요. 지금도 기차에 뛰어들려 했던 그 순간을 생생히 기억하고 있어요.

학교 선생님에게 그 이야기를 했더니 저를 한참을 바라보시고는 "아마 하느님께서 너를 다른 어떤 일에 쓰시려나 보다"고 하시더군요. 지금도 그 말이 또렷이 남아있어요. 하느님께서 저에게 또 다른 삶의 기회를 주셨던 거지요.

저는 항상 신부가 되기를 원했어요. 아기 때부터요. 왜 그랬는지는 잘 모르겠지만 커서 무엇이 되겠느냐고 물을 때마다 항상 신부가 되겠다고 말했어요. 그래서 심각한 데이트는 하지 않았지요. 물론 호감 가는 여자친구가 있긴 했지만 문자 그대로 친구였어요.

그리고 1966년 6월 고등학교를 졸업하고 8월에 신학교에 들어갔습니다. 열일곱 살 때 이미 신학교에 다닌 거죠. 어머니는 제가 혹시 억지로 하는 것은 아닌가 걱정스러웠는지 다른 일도 해보라고 설득하시더군요. 하지만 저는 항상, 정말로 항상, 신부가 되고자 했습니다.

중1때 성당에 키드 케이시라는 젊은 신부님이 오셨어요. 그 신부님을 너무 좋아해서 신부님을 위해서라면 뭐든지 했었습니다. 어느 날 제가 미사를 도와드렸는데 그 미사가 신부님의 마지막 미사가 될 줄 누가 알았겠습니까? 미사를 마치고 휴가여행을 떠나셨다가 그만 큰 사고를 당해서 돌아가시고 말았어요.

신부님의 장례미사 후 주교님께서 우리에게 강복하시고는

"내 반지에 입을 맞추는 사람이 케이시 신부의 자리를 이을 것"
이라고 하셨어요. 그래서 제가 얼른 반지에 입을 맞추자 모두가
웃었습니다.

그리고 1975년 6월 14일 제가 서품받을 때 축하미사를 집전
하신 주교님들 중 한 분이 바로 그 주교님이셨습니다. 그때의
장례미사를 이야기하면서 "만약 제가 나쁜 사제가 된다면 그
것은 주교님 잘못이다. 왜냐하면 주교님의 반지에 키스했기 때
문"이라고 말했습니다.

처음으로 부임한 오하이오 주 베리아에 있는 세인트 안도버
성당에서 성당의 역사를 살펴보다가 케이시 신부가 그 성당에
서 첫 소임을 받았다는 것을 알았습니다. 제가 닮고 싶고 대신
하고 싶었던 케이시 신부님, 나의 영웅이었던 그분이 첫 소임을
시작한 성당에서 저도 첫 소임을 받았던 것이지요. 우연치고는
너무도 놀라운 일이 아닙니까?

이제야 집에 왔구나!

사제서품을 받고 2년 동안 본당신부를 하고, 6년 동안 병원에 있다가 다시 성당에서 2년을 보낸 후 1986년 트라피스트 수도 원에 왔어요.

사실 그전까지는 한번도 수도자가 되겠다고 생각한 적이 없었습니다. 저는 항상 사제가 되고 싶었고 그것도 본당사제가 되고 싶었어요. 그래서 신학교에서 공부할 때 동료신학생들은 이곳에 피정을 오곤 했지만 저는 오지 않았어요.

그러다가 1976년 4월 제가 있던 성당에 계시던 은퇴 신부님이 "뉴욕으로 피정을 가지 않겠느냐?"고 하시는 거예요. 그래서 무심코 따라오게 되었지요.

그때 제가 수도원의 커다란 문으로 들어오자 뒤에서 문이 닫히면서 머릿속에 어떤 음성이 들려오더군요. "제리! 이제야 집에 왔구나!" 하고 말이지요.

"결코 여기 오는 것을 원한 적이 없습니다" 저는 머리를 흔들며 말했죠. 그런데 갑자기 배가 아파오더군요.

집에 돌아와서 스승님께 "수도원에서 어떤 음성을 들었습니다" 하자 그분은 앉아 있던 의자에서 굴러 떨어지더니 마룻바닥에 데굴데굴 구르면서 웃어대는 것이었습니다.

"제리, 그만 좀 웃겨라"

그리고는 잊어버렸습니다. 1년 후 이곳에 다시 왔는데 그때도 또 같은 음성을 듣게 되었습니다. 그로부터 10년이 지난 후에도 그 음성은 사라지지 않았습니다. 그러니 들어오지 않을 수 있나요? 결국 1986년 수도회에 신청했고 계속 이곳 '집'에 머무르고 있답니다.

이곳에 와보니 마치 '집'에 온 것 같더군요. 아주 조용하고 평화롭고 따뜻해요. 이곳에 오면 모두가 행복해 보여요. 다른 세상에 온 것 같습니다. 도시에 사는 사람들도 이곳에 오면 여유를 찾게 되고, 생각을 할 수 있고, 꽃향기를 맡을 수 있고, 자신의 문제를 스스로 풀어나갈 수 있습니다. 강요하거나 잡아끄는 사람은 아무도 없어요.

저는 이곳에서 15년 동안 수도사들이 먹을 빵을 굽는 일을 해왔습니다. 이곳은 제빵시설을 갖추고 있는데 제빵기계가 너무 오래되어 공장을 새로 지었지요. 새로운 빵도 개발했지요. 그렇게 15년이나 흘러서 다른 사람에게 인계를 했습니다.

그리고 2001년 수도원 부원장이 되었습니다. 5~6년 전부터 이곳을 찾아오는 모든 방문객들에게 강론하고 안내하는 영빈관 내빈담당을 맡았지요.

제 강론은 저의 경험을 가톨릭이론이나 교리와 연계하여 전합니다. 실생활에서 얻은 체험이 가톨릭교리보다 더 많은 것을 나눠줄 수도 있다고 생각합니다. 흥미진진한 생활의 이야기를 통하여 우리 삶에 가톨릭교리와 이론을 심어주는 거지요.

저는 '제롬'이라는 한 사람입니다. 그러니까 한 사람으로서 살아가는 방법과 생각하는 방법이 일치해야 합니다. 그리고 저는 또한 로마가톨릭의 사제입니다.

로마가톨릭의 사제로서 말하고, 사람을 대하고, 세상을 바라보고, 교회를 사랑하고, 가톨릭과 세상을 따로 떼어놓고 보지 않습니다. 정치적으로는 누구에게 투표하느냐? 저의 가톨릭 믿음과 맞지 않으면 투표하지 않습니다.

저에게 가장 중요한 사실은 하느님이 우리를 사랑한다는 것입니다. 그리고 우리가 영혼에서 무언가를 잃어버렸을 때 그 구멍을 메울 수 있는 이는 오직 한 분, 하느님뿐이라는 것입니다. 나는 사람들이 이것을 이해할 때까지 입으로 말하고 가슴으로 불어넣어 줄 겁니다. 하느님이 자신을 사랑한다는 것을 믿지 않는다면 사람들은 계속해서 죄악을 행할 것입니다.

사람들은 여간해서는 자기 자신을 변화시키려 하지 않습니다. 무얼 위해 변해야 하는지 그 목표가 없기 때문입니다. 하지만 아주 완고했던 사람들도 하느님의 사랑을 알게 되면 스스로 변하는 것을 보았습니다.

예수께서는 약함이 강한 것보다 더 낫다고 말씀하셨지요. 저도 약한 것이 강한 것보다 우리의 생활에 더 많은 영향을 준다고 생각합니다. 하지만 현재 최소한 미국에서만큼은 그러한 사고방식이 안 통하는 것 같습니다. 지금 미국사람들에게는 마르고, 젊고, 근육질로 보이는 것이 아주 중요하거든요. 살찌고 늙은 사람은 비웃어버립니다.

코린토 후서 12장 10절을 보면 성 바오로가 "약한 것이 강한 것이다"라고 말했잖아요. 하느님께서 원하시는 바이니까요. 지금 저의 모습, 이것이 하느님이 저에게 원하는 것입니다. 저도 한때는 역도를 즐겨 하곤 했지만 지금은 못합니다. 모든 것이 허락을 안하네요. 어깨, 무릎, 발목이 모두 안 좋아요. 약도 많이 먹는데⋯ 하느님께서는 살찌고 늙어서 잘 움직이지 못하는 사제를 원하시나 봅니다.

이제는 괜찮습니다. 하지만 스스로 괜찮다고 말할 수 있게 되기까지 저 자신을 아주 싫어했어요. 많은 사람들이 그러하리라고 생각합니다.

요즘 미국의 많은 사람들은 그저 돈을 버는 데만 아주 열심입니다. 그런데도 세금 내랴, 은행이자 내랴, 물질적으로 아주 가난해 보입니다. 사람들이 자기 분수 이상으로 살아가기 때문입니다. 돈도 없으면서 큰 집을 사지요. 그러면 융자를 갚아야 할 돈이 엄청납니다. 그 빚을 갚으려면 밤낮으로 열심히 일해야 하고 그것도 모자라서 다른 일을 또 해야 합니다.

엄청난 스트레스를 받는 거지요. 항상 일만 하느라 자기 자신을 돌볼 시간도 즐길 시간도 없습니다. 제대로 즐기며 살 수도 없는데 집을 갖기 위해 평생을 바칩니다. 얼마나 슬픈 일입니까? 하느님께서는 항상 일만 하라고 인간을 창조하신 게 아닌데 말이죠.

사람들이 권리는 주장하는 반면에 의무에 대하여는 생각하지 않는 데서 분쟁이 발생합니다.

낙태문제만 봐도 그렇습니다. 임신한 여자가 자신의 몸 안에 있는 태아에 대하여 마음대로 할 권리를 가지고 있다며 즉 "내 아이니까 내가 원하지 않으면 없앨 수 있다"고 주장하면 아이는 여자의 권리에 따라 낙태될 것입니다. 임신한 여자의 권리는 보호받은 것인지 모르나 태아의 '약자로서 보호받을 권리'는 무시된 것이에요.

어느 경우에건 나의 권리만 주장하면 다른 사람의 권리를 침해하게 되고 이에 따라 분쟁이 생기는 거지요.

그래서 정의가 필요합니다. 나는 배가 터질 때까지 먹을 권리가 있지만 내가 음식물을 낭비하면 다른 사람이 먹을 음식이 없어지는 것이지요. 그것은 정의가 아닙니다. 문제는 우리는 권리에 대해서만 이야기하고 책임에 대해서는 이야기하지 않는다는 것입니다.

예수께서는 상대의 인권을 존중하라고는 말씀하셨어도 자기의 인권에 대하여는 전혀 말씀한 적이 없어요. 남의 인권을 존중하는 것은 예수님의 가르침과 아주 일치합니다. 그 하나라도 떼어낸다면 성경에서 예수님의 가르침을 떼어내는 것과 똑같은 거지요. 예수님께서 시종일관 말씀하신 것이 바로 남의 인권을 존중하는 것이니까요. 예수의 가르침이 바로 인권이 가야 할 방향 그 자체입니다.

누군가 예수께 "얼마나 많이 용서를 하여야 하느냐?"고 물었습니다. 예수께서는 하루에 일곱 번, 아니 일흔 번씩 일곱 번을 용서하라고 하셨습니다.

다른 쪽 뺨을 내놓으라는 그 구절은 누군가 당신을 때렸을 때 그 보복으로 상대를 때리지 말라는 뜻입니다. 상대는 마치 어린아이처럼 화가 나있기 때문에 나도 똑같이 욕하지 말고 화내지 말고 어린아이 대하듯 "다른 쪽 뺨도 때려보시오" 하라는 겁니다. 그러면 상대는 나의 눈을 똑바로 쳐다보고 주먹을 쥐다가 나를 자신과 똑같은 사람으로 볼 것입니다.

이 구절은 참으로 흥미로운 구절입니다. 단지 뺨을 내놓고 피투성이가 될 때까지 맞으라는 것이 아닙니다.

화가 난 그 사람에게 "나를 똑바로 쳐다봐. 이게 네가 꼭 하고 싶은 일이야?" 하고 말하라는 것입니다. 이때 상대방은 내 눈을 똑바로 바라보면서 '우리가 친구라고? 아니야, 너는 나한테 아무것도 아니야. 내 주먹으로 너의 뒤통수를 때려버릴 거야' 하고 생각합니다. 그러면 "아니오. 나는 당신한테 아무것도 아닌 게 아니오. 그래도 나를 더 치고 싶다면 지금 치시오"하고 말하라는 겁니다.

예수님은 우리가 서로를 형제자매로 여기고 사랑하라는 뜻으로 이 말씀을 하신 겁니다. 이것은 이 복음을 이해하는 또 다른 접근방법입니다.

왜 빈곤에 항의하지 않나요?

제가 교구 사제로 활동할 때 경찰 신부로 일한 적이 있습니다. 경찰관의 생활은 아주 위험하더군요. 편안한 결혼생활을 할 수도 없고 술도 많이 마시게 되고 화도 많이 내고 고민을 토로할 상대도 없었습니다. 그래서 그들에게 나의 귀를 빌려주고자 경찰 신부가 된 것입니다.

제 친구였던 경찰 한 사람이 과속차량을 세워서 딱지를 때리고 하니까 운전자가 갑자기 총을 빼서 쏴버렸습니다. 이런 일이 비일비재로 일어납니다.

사람들 중에는 범인이나 폭력배 같은 좋지 않은 사람들도 끼어있습니다. 그들은 아주 위험합니다. 경찰관들은 자기가 지금 검문하려는 그 사람이 언제 자기에게 총을 쏠지도 모르는 가운데 검문을 해야 합니다. 그러다 보니 항상 긴장하고 민감해지는 거죠. 그래서 경찰관에게는 최대한 공격적이지 않은 행동을 보여야 합니다. 일종의 자기방어의 수단이죠.

경찰들도 의심스럽거나 좋지 않게 보이는 사람들에게는 두려움을 많이 느낍니다. 이런 것을 감안해서 현상을 봐야만 합니다. 경찰이 무조건 나쁜 것도 아니고, 길거리에서 부당한 대우를 받는 것 같이 보이는 그 사람들이 전부 천사도 아니라는 거죠.

9·11 사태를 생각해 보세요. 9·11 사태는 미국 사람들의 의식 세계에 중요한 영향을 미쳤습니다. 조금이라도 이상하게 보이는 사람은 모두 의심하게 만들었죠. 항상 두려움에 떨게 되었습니다. 언론이 그렇게 만들기도 했고요.

이미 벼랑 끝에 서 있는 사람들은 약간만이라도 더 공포를 느끼게 하면 과민반응을 하게 됩니다. 저는 미국경찰들을 옹호하려는 것은 아닙니다. 경찰들이 난폭하게 보이는 그 이면에는 그러한 폭력적인 반응을 하게 만드는 어떤 뒷얘기가 숨겨져 있다는 거지요.

데레사 수녀를 생각해보십시오. 사람들은 데레사 수녀가 한

번도 빈곤을 없애기 위해서 강자들과 싸우려고 노력하지 않았다고 비난합니다.

"당신은 왜 빈곤에 대하여 항의하지 않나요?" 하는 질문을 받을 때마다 "저는 가난한 사람들과 지내느라 너무 바쁩니다" 하고 대답했어요.

만약에 우리가 사람들을 싸잡아서 강자들이니 약자들이니 하는 하나의 집단으로만 보지 않고 각 개개인을 구체적으로 바라보기 시작하면 우리는 왜 누군가를 대상으로 투쟁만 해서는 안 되는지 알기 시작할 것입니다.

일부 언론에서는 가톨릭교회가 자선활동은 하지만 정책변화를 위한 투쟁은 하지 않는다고 비난합니다. 베네딕토 교황께서는 "어떤 정부가 어떤 정책을 취하더라도 인간은 복음을 살아낼 수 있다"고 하셨습니다.

만약 우리가 인간의 삶을 모두 정부정책에 맡긴다면 인간이란 아무런 의미가 없는 숫자에 지나지 않을 것입니다. 그러나 인간의 삶을 인간에 맡긴다면 사람은 사람이 됩니다.

아! 신학교 잘못 왔구나

박기주 신부

입으로 말하지 않고 가슴으로 말하는 신부,
사춘기 소년같은 수줍은 미소가 있는 신부…
그래서 박신부와 마주앉으면 말하지 않고도 마음을
털어놓은 듯하다.

캄보디아로, 미얀마로… 어려운 사람들을 찾아나서면서
부유한 이들에게도 나눔의 기쁨을 잊지 않도록 애쓰는
이 시대의 균형잡힌 순례자 박기주 신부를 만나본다.

아! 신학교 잘못 왔구나

제가 9남매 중 셋째였어요. 부모님이 교육열이 높으셔서 큰형하고 누나는 일류학교를 갔어요. 저도 일류학교 보내려고 부모님은 자꾸 공부만 다그치셨어요. 중학교 입학시험을 한 달 앞두고 우연히 집안어른을 따라 갈멜수녀원에 있는 고모에게 면회를 갔어요.

제 마음을 읽고 계셨는지 고모가 대뜸 "신학교에 가보지 않겠냐?"고 하더라고요. 공부하긴 싫은데 '신학교' 하니까 뭔가 괜찮은 것 같더라고요. 해보겠다고 했어요.

그때는 사제가 된다는 것보다 공부에 대한 강요에서 벗어나고 싶다는 그런 느낌에 혹했던 것 같아요. 그때 서울 신당동이 본당이었는데, 본당신부님이 저 같은 꼬맹이를 알게 뭐예요. 면접을 하는데 사도신경도 못 외웠어요. 그러니 추천서를 써주고 싶겠어요? 다행히 고모할머니 수녀가 김창문 요셉 신부님한테 사정을 얘기해서 그분이 써 주셨어요.

소신학교를 가겠다고 했을 때 부모님이 반대하실 거라고 생각했는데 오히려 좋아하셨어요. 나중에 어머니를 뵐 때마다 '아! 내가 신부되기를 많이 원하셨구나!' 하는 느낌을 받았어요. 소신학교 들어가서 딱 1년을 지내보니까 '나는 여기에 있어야 할 사람이 아닌데!' 그런 생각만 자꾸 드는 거예요.

우선은 소신학교 배지가 싫었어요. 초등학교 동창들은 일류학교로 갔는데, 저는 알려지지도 않은 소신학교 배지를 달고 다녀야 하니까 열등감을 느낀 거예요.

신학교 생활도 답답하기만 했어요. 새벽 5시 30분에 일어나서 아침기도하고 묵상 30분 하는데 졸리기만 했어요. 다른 아이들에 비해 저는 아무 준비가 없었으니까 성경말씀을 들어도 이해를 못하죠. 미사나 묵상시간에 냅다 졸기만 했어요.

수업이 끝나도 어디 집에 갈수나 있어요? 밖에 나가지도 못하고….

그때가 13~14세 무렵이니까 신부된다는 가치를 모를 때잖아요. 세속의 것들만 크게 보이는 거죠.

목적의식이 뚜렷하지 않았기 때문에 내 자신이 형성되어가는데 어려움이 있었어요. 하느님과 내가 점점 가까워지는 그런 느낌이 있어야 되는데 몇 년 지나도 하느님 말씀이 하나도 안 들어왔어요. 공부한다고 되는 것도 아니고 누가 가르쳐줘서 되는 것도 아니고 이게 얼마나 어려운 건데요.

공교롭게 그 무렵부터 식구들은 끼니를 걱정해야 했어요. 집안이 어려워지니까 내 마음에는 세속적인 성공만 더 크게 자리잡는 거예요. 그러니 하느님 말씀을 들어도 제 안에 들어오는 게 아니라 오히려 튕겨 나가지요.

'낮아지는 자가 높아진다'라든가 '재산을 다 버리고 따라야 한다' '마음이 가난한 사람이 천국 간다' 같은 말들이 죄다 우스꽝스럽기만 한 겁니다.

젊을 때는 유명해지고 돈 많이 벌어 남들의 선망의 대상이 되고 싶잖아요. 그러니 '아! 신학교 잘못 왔구나' 나올 생각만 했지요. 한번은 어머니한테 "딱 1년만 공부하면 좋은 대학교 갈 수 있으니까 신학교 나오게 해달라"고 막 떼를 쓰기도 했어요.

휴학을 하고 1년간 월남 파병되었는데, 전투 안 나가는 보직을 받았어요. 누이한테 공부할 책을 보내달라고 했어요. 제대하고 일반대학으로 진짜 편입할 생각이었어요.

백마부대 이문주 군종신부님을 뵐 때마다 "나 신학교 나갈 겁니다"라고 큰소리를 쳤어요. 신학교 때도 저는 상당히 미성숙했던 것 같아요. 제 동창 중에는 생각이 성숙하고 참 모범적인 친구들이 많았거든요. 얼굴을 보면 뭔가 하느님과 점점 가까워져가는 느낌인데 저에게는 다들 고리타분하게만 보였어요.

제대하고 신학교에 복학했는데 어느 순간 하느님 말씀이 제 안에 쏙쏙 들어오는 거예요. 성령의 도움으로 제 안에서 변화가 시작되었어요. 사람이 달라져간다는 게 무슨 획기적인 사건이 벌어져서 되는 것은 아니더라고요.

제 의지를 놓았더니 하느님이 저를 쓱 이끌고 가시는 거예요, 한 걸음씩! 그런데 그 한 걸음을 내디딜 때 다른 것을 볼 수 있는 빛을 주시더라고요. 물결이 퍼져나가듯이… 그 빛으로 전체를 조망할 수 있게 해주었어요.

하느님 말씀이 들어오면 사람이 달라져요. 맑은 기운과 활력이 느껴지고 세상적인 것에는 관심이 없어지고 '아! 이렇게 살고 싶다, 이것을 닮고 싶다' 하는 어떤 동경이 샘솟아요. 쾌락과는 다른 내적인 충만감과 기쁨을 느끼기 시작한 거예요.

우리가 변화, 변화하는데 아무리 변화의 폭이 커도 인간성의 바탕까지 한순간에 변하지는 않아요. 서서히 변화해가죠. 저도 한 걸음씩 저를 이끄시는 어떤 손길을 느꼈어요. 어느 순간 하느님의 손길, 하느님의 존재에 대한 고해를 막 하게 됐어요.

끊임없이 사제의 길을 놔두고 다른 길로만 가려고 했던 저를 보게 됐어요.

제가 봐도 저는 진짜 보잘것없고 모자라서 하느님이 저를 선택하지 않고서는 이 길을 갈 수가 없는 사람이었거든요. 그런데 하느님은 그런 저를 다 지켜보시면서도 신부로 선택하셨어요! 그러니 신부가 된 것은 제 뜻이 아니더라고요.

더 감사한 것은 신부가 되고 나서 하느님이 저를 신부로 더 꽉 잡아주시는 것 같다는 생각을 해요. 저는 '아, 사제 일이 정말로 귀하고 좋은 거구나' 하는 것을 사제가 되고 나서 더 알게 됐어요.

신자들에게 하느님 말씀이 들어가는 게 쉽지 않다는 걸 잘 알아요. 성령의 도움 없이는 하느님 말씀이 들어와도 신학교 때 나처럼 금방 튕겨나가지요.

내 안에 하느님 말씀이 들어와야 믿음이 들어와요. 신비한 이 끌림이 있어야⋯ 그래서 본당에 있을 때도 저는 강론은 성경 말

씀으로만 했어요. 하느님 말씀 자체가 힘이 있기 때문에 그 말
씀이 힘을 줄 거라고 생각했죠. 신자들이 "재미있다. 재미없다"
이러쿵저러쿵 평가하는 것은 별 상관을 안했어요.

간교한 나와의 대면

어머니는 9남매를 다 키우고 30년 동안 중풍으로 고생하셨는데 한 6~7년은 꼼짝 못하고 형수님하고 제수씨가 대소변을 다 받아냈어요. 지난 2월에 돌아가셨는데 솔직히 얘기하면 돌아가시니까 마음이 편해요. 항상 제 안에서 무거운 짐이었어요.

어떤 때는 사제인 제가 아무리 부족하고 죄가 많다 해도 하느님은 어머니한테 잘못하시는 거라는 생각도 했어요. 한 번뿐인 인생인데 30년을 그렇게 사셔야 한다는 것이 이해되지 않았거든요. 몸이 불편하시니 예쁜 옷을 입혀드려도 예쁜 티가 나겠어요? 그런 걸 못해드리니까 어머니한테 참 죄스러웠죠.

요즘엔 이런 생각을 해요. '아, 어머니가 우리의 모자란 허물을 짊어지셨구나! 사제생활에서 내가 못한 부분을 어머니가 짊어지셨겠구나!'

그런데 저한테 어려웠던 게 뭐냐면요, 친할아버지가 이북에서 재산을 하나도 못 갖고 내려오셨대요. 거기서는 상당히 부자셨는데… 그래서 어머니에게는 반드시 성공해야 한다는 생각이 끊임없이 있었던 것 같아요. 어머니는 저를 사제로 원하시기도 했지만 그 밑바닥에는 세상적인 성공에 대한 생각으로 꽉 차 있었어요. 형식은 신앙인이었지만 믿음의 본질이 완전히 스며든 건 아니었던 거죠.

어머니가 저를 두고 세속에서 인정받고 존경받는 그런 사제로 원하셨는지, 정말로 믿음 안에 사는 사제로 원하셨는지 그것은 지금도 잘 모르겠어요.

아버지는 일본에 유학하셨다가 학도병으로 끌려가셨대요. 일본패망 뒤에는 대전고등학교에서 영어선생을 하셨고, 뒤에 해군의 경리장교로 계셨는데 무슨 생각에서인지 군대를 나와 온 가족이 서울로 왔어요.

제가 초등학교 4학년 때였는데 그때만 해도 신당동 고급주택에 살았어요. 이것저것 일을 벌이시더니 정말 끼니를 잇기 어려울 정도로 집안이 기울었어요.

아버지의 삶이 좀 당당하고 성실했으면, 한 집안의 가장으로서 가족을 굶겨서는 안되지 않나 하는 안타까움이 있었어요. 그래서 제가 아버지에게 좀 거리감이 있었던 것 같아요.

그렇다고 아버지가 남들로부터 비난받는 그런 분은 아니셨고요, 참 착한 분이셨어요. 말년에 병원에 눕기 전까지도 연령회 활동을 하셨고… 늙고 지친 아버지를 보면서 젊었을 때 느꼈던 거리감은 많이 없어졌죠.

돌아가시기 전, 입원해계셨을 때 저는 서울교구청에서 일하고 있었어요. 매일 한 번씩 병원으로 찾아뵈었는데, 아버지의 유언이 "어머니를 잘 보살펴드려라" 그리고 "모든 것을 용서했다"는 말이었어요.

아버지가 저를 두고 그런 말씀을 하셨는지 확실히 모르지만 깜짝 놀랐어요. 저로서는 마지막까지 아버지를 따뜻하게 안아드리지 못한 것이 어떤 한으로 남아 있어요.

젊었을 때 제가 상당히 날카로웠어요. 지금의 모습과 달라요. 가톨릭대학생연합회 지도신부를 맡았던 70년대 말 그때는 학생들이 수업도 못하고 데모하고요, 학생이 경찰서에 구속돼서 서장님을 뵈러 갔는데 그 사이에 학생회관이 불이 나고….

'이런 나라에서 하느님 나라가 정말 가능한 건가?' '정말로 믿음이 옳은 건가?' 그런 의문을 가졌어요. 세상이 온통 회색빛으로만 보일 때가 있잖아요. 저도 그런 어두움에 갇힌 채 권력이나 제도를 바꿔서 현실을 어떻게 해보려는 생각도 했지요.

그런데 나 자신을 들여다보면서 또 살아가면서 세상이라는 게 그런 게 아니구나 하는 것을 점차 알게 되었죠.

세상이 제도만 바꾼다고 해서 되는 게 아니잖아요. 사람 자체가 변해야 되는데, 그게 얼마나 어려운 거예요? 정의를 부르짖던 386들이 기성세대가 된 지금 그러고 있느냐 이거예요. 결국은 개인이 회심하지 않으면 밑바탕이 없는 거예요. 세상은 혁명으로 바뀌는 게 아니라 개인의 회심으로 되는 거예요.

이 세상의 역사만큼 하느님이 기다리시기도 하지만 우리가 하느님의 나라를 향해서 가면서 세상이 조금씩 변해온 거잖아요. 믿음이 아니고서는 이것을 어떻게 이해할 수 있겠어요.

사제로 살면서 저는, 개인적으로 시달리는 어떤 것이 있었어요. 사제는 이래야 되고 이렇게 되어야 하고, 이런 것들이지요.

1999년에 이냐시오 영성피정을 한 달 동안 했는데 제 자신이 너무 메말라버렸다는 생각이 들었어요. 영성피정의 첫째 주간은 자기 자신의 내면을 깊이 들여다보게 하거든요.

내 안에 있는 나의 모습을 딱 대면하는데, 심장만 벌떡벌떡 뛰고 있지 그 핏줄이 연결되는 동맥과 나머지 실핏줄은 다 죽어 있었어요.

'나는 무엇으로 살았던 걸까?' 내 자신의 죄의 뿌리, 생각하기도 싫은 내 부끄러움의 뿌리까지 보게 됐어요. 제 안에 인간이 저지를 수 있는 간교함과 추악함이 다 있더라고요. 그걸 들여다보고 제 자신에게 막 혐오감이 느껴졌어요. 그런 형편없는 내 자신을 받아들일 수 없어서 내가 막 폭발할 것 같은 그런 느낌이었어요.

이중적인 태도, 미움, 시기… 이런 게 내 내면 밑바닥에, 신부라는 제게 꽉 차있는 거예요. 말하기 힘든 아주 개인적인 것들, 윤리적인 것들도 있어요. 내 내면의 그것을 깊이깊이 들여다보게 하는 시간들이 얼마나 힘든지요, 정말 힘들어요.

하느님은 우리의 죄를 당신 등 뒤로 내던지셨어요. 그리고 그 죄를 십자가에 못 박으셨어요. 바로 용서예요. 이냐시오 영성피정 4주째에 용서의 하느님을 만났어요.

'하느님은 그런 나를, 내가 어렸을 때부터 그리고 신부로 살아가는 삶 속에서 끊임없이 기다리면서 용서해주고 계셨구나!' 하는 것을 알게 됐어요. 내 안에 있는 부끄러움, 혐오스러움 이런 것들이 오히려 내 안에 당신이 만들어주신 탤런트, 선물을 꽃피우게 하고 커가게 하고 있다는 것도….

하느님은 나를 용서해주셔서 내가 하느님께 한발 한발 더 가까이 갈 수 있는 발판을 만들어주셨어요. 그러니 내 안의 악한 것들에 내가 자꾸 갇히면 안돼요. 내 안에 당신이 주신 선물들을 꽃피워 나가는 게 중요해요.

성서를 읽어봐도 야곱을 보면, 하는 행실이 얼마나 사기꾼 같아요. 인간성으로 볼 때는 형 에사오가 더 인간적인 면이 있어 보이잖아요.

"박 신부, 너무 힘들어…"

저에게 어려운 것이 뭐냐면 육체적인 노동, 힘든 일을 잘 못한다는 거예요. 가난한 이들을 돕는 빈첸시오회 회원들, 거동 못하는 환자들을 자기 피붙이처럼 돕는 신자들을 보면 거기에 미치지 못하는 제가 부끄럽지요.

서초동성당에 있을 때, 성당 앞에서 트럭에 채소를 싣고 와 추우나 더우나 장사를 하는 분이 계셨어요. 그런데 어느 날 평신도회 부회장이 우리 본당에서 교무금을 두 번째로 많이 내는 분이 바로 그 채소장사라는 거예요.

깜짝 놀라 그 사람 1년 교무금 명세서를 봤더니 매달 수입에 따라 십일조를 내셨더라고요. 저는요, 본당신부하면서 신자들의 직업이 뭔지, 교무금을 얼마 내는지 알려고도 안했어요. '선입견을 가지면 안된다. 차별해서는 안된다' 그게 제 나름의 원칙이었어요. 사목위원을 선정할 때도 지위나 경제력을 보지 않고 믿음을 봤어요.

하느님 말씀을 중심으로 살아가는 공동체에 관심이 많지요. 서초동본당에 와서 봤더니 예비자교리 끝나면 신자들에게 별다른 교육이 없는 거예요. 성당 오기 전에 성서를 한 번이라도 읽었어야 하느님 말씀을 들을 때 '아, 이게 그거였구나!' 하면서 말씀이 내 안에 들어올 텐데, 그게 전혀 없는 겁니다.

이거 큰 문제로구나 생각하고 '성서백주간'을 시작했지요. 나중에 신자들로부터 내가 했던 것 중에 그것이 제일 고마웠다는 얘기를 많이 들었어요.

꿈이 있다면 본당신부를 한 번만 더하고 싶어요. 정말 열심을 다해서 '진복 8단'으로 살아가는 사랑의 공동체, 복음의 빛으로 살아가는 공동체로 만들어보고 싶은 열망이 있어요. 사목자니까요.

중견사제연수원은 본당사제 생활을 한 20년 이상씩 한 분들이 오셔서 사목적인 재충전을 하는 곳입니다. 본당신부는요, 그

끝없는 책임감 때문에 사실은 24시간 노동이나 마찬가지예요. '정말 본당이 제대로 가는 건가!' 이런 걱정이 항상 있기 때문에 늘 피곤하거든요.

어떤 분들은 인간적인 조건, 한계에 시달려요. 자기가 열심히 하는데도 신자들 안에서, 신부들 안에서 인정받지 못한다고 생각하시는 분들이 있어요. 사제가 사실 뭔가 뛰어나야 하는 건 아니거든요. 항상 삶 속에서 느끼고 또 변하면 되는 것인데, 의외로 그런 분들이 꽤 있다는 것을 연수원에 있으면서 알게 됐어요. 그래서 여러 가지 프로그램들을 운영하면서 함께 모인 신부들끼리 자신을 열어보이며 서로 솔직하게 털어놓고 그 안에서 치유해갑니다.

저는 김수환 추기경님께 참 고마움이 있어요. 그분을 모시고 10년을 서울교구청에서 살았잖아요. 그분은 정말 어른이셨어요. 그런데 은퇴하시고 어느 날 차에서 내리시는데요, 차 문을 열어드렸더니 악수하시면서 첫마디 말씀이 "박 신부, 너무 힘들어…" 그러시는 거예요. '아, 나도 정말로 이렇게 작은 사람으로 살아가야겠다' 그런 생각을 했어요.

신부도 개인적인 욕심들이 다 있잖아요. 지금 제게는 하느님이 채우실 수 있도록 제가 가진 계획이나 욕심들을 비워가는 작

업들이 필요해요.

살다보면 일하기 싫을 때도 있는데 그럴 때면 저는 조선초대 교구장 브뤼기에르 주교님한테서 힘을 받아요. 2백 년 전 교황 청에서 조선에 신부 한 사람을 보내려고 파리 외방전교회에 그 일을 맡겼는데 보낼 신부가 없었다고 하지요. 그에 대해 브뤼기 에르 신부가 사목자의 열정 하나로 자신이 가겠다는 서한을 썼 는데 그 내용이 놀랍기만 해요. '아! 하느님의 사람은 이런 문제 를 이렇게 생각하는구나' 하고 말이죠.

안식년 1년 동안 베트남, 미얀마, 캄보디아에 머무르면서 아 시아지역 교회를 깊이 들여다보게 됐어요.

어느 농촌 마을을 갔는데요, 마른 나뭇가지 4개를 X자로 세 우고 거기에 비닐로 하늘만 가린 집에서 한 가족이 살고 있어 요. 일찍 결혼해서 벌써 자녀를 둔 20대 젊은 엄마가 가슴이 다 보일 정도로 해진 옷을 입은 채 살아요.

'이걸 어떡하면 좋아!' 하는 안쓰러운 느낌이 일지요. '한 사 람이 태어나서 저렇게 살다 가야 하는가? 그 짐이 너무나 무겁 구나!' 그런 삶의 무게감을 느끼면서도 내가 그런 삶을 알 수 있 다는 것, 그들을 도울 일이 있는지 찾아볼 수 있다는 것, 그런 것들이 제게 활기를 주더라고요.

한국교회는 파리 외방전교회에서 모든 것을, 사제부터 경제적인 것까지 정말 100% 받은 교회예요. 정말 이것은 신앙이 아니고서는 받을 수가 없는 것이었어요. 우리는 이것을 돌려줄 의무가 있어요.

남은 사제생활을 어려운 교회와 나누는 일을 하고 싶어요. 무슨 조직을 거창하게 만들 생각도 없고요, 내가 할 수 있는 만큼만 개인적으로 그냥 소꿉장난하듯이 나누면서 살려고요.

인도의 한 교구를 방문했었는데 그곳 교구장님이 회합하기 전에도, 강의하기 전에도 꼭 성서말씀을 읽고 복음나누기를 먼저 하셔서 참 인상적이었어요. 그래서인지 모임마다 분위기가 참 따뜻했어요.

그분 자신이 하느님에 대한, 복음에 대한 확신이 있으니까 그렇게 하실 수 있는 거죠. 지금 아시아교회에 가면 언제부턴가 우리에게 부족해진 그런 기쁨을 얻을 수 있어요.

유럽교회에 기라성 같은 신학자가 있고 유명한 저서가 나오면 뭐하냐고요. 신자들은 다 냉담하고 있는데… 그런데 우리 한국교회는 평신도들이 움직여요. 정말 세계 어디에도 이런 평신도들은 없을 거예요. 이게 한국 교회의 장점이죠.

내가 팔자 고친 얘기

김창렬 주교

주교가 되지 않으려고 피해다니다가 결국
"여러분, 나는 잡혔습니다. 주님께 잡혔습니다.
열심히 도망쳐 보았지만 결국 그분께 잡히고 말았습니다"라고
고백하며 제주교구장으로 가야했던 김창렬 주교.
은퇴 후 한라산 기슭 '삼뫼소 은총의 동산'에서
주님께 본격적으로 붙잡혀 은수생활을 하고 있다.

평소 자신을 준마가 아니라 당나귀, 그것도 깡마른
당나귀라면서 '나의 성소는 무위無爲'라고 고백하는데…
왜 '기도밖에 할 줄 모르는 주교'가 되기를 자처했는지
그 분의 영성을 나누고자 한다.

형이 신학교 갔는데 너까지

나는 고향이 황해도 연안인데 조인원 신부님이 초대 본당신부로 오셨어요. 큰 축일 때는 본당으로 갔고, 평소에는 아버지가 공소회장이어서 우리 집에서 미사를 봉헌했는데, 신부님이 오시지 않으면 공소예절로 했어요.

연안에 본당이 없을 때는 해주, 개성, 멀리 안악에서도 신부님이 오셨어요. 그때는 신부님들이 집에 와서 미사 드리고는 며칠 계시다 가시곤 했어요.

조인원 신부님은 꼭 아버지 같았어요. 사제로서의 권위를 상당히 내세우셨지만 그래도 열심히 일하셨던 꼿꼿한 분이에요.

나중에 물러나서 은거하실 때 몇 번 가 뵈었는데 말끝마다 그렇게 '감사하다'고 하셨어요.

내 바로 위 형이 아주 열심한 신자여서 신부가 됐으면 하고 조인원 신부님과 상의를 했어요. 신부님이 "그러면 나한테 와서 1년 있거라" 해서 소학교 졸업하고 나서 1년 동안 심부름도 시키면서 지켜보시다가 "이제 됐다" 하고 신학교에 보냈어요.

그때 '나도 신학교 한번 가보면 어떨까' 하는 생각이 들었어요. 같은 반 친구랑 같이 가서 "우리도 한번 말씀드려 보자" 이렇게 된 거지요.

별 특별한 계기는 없었어요. 성소라는 것이 그리 무심히 드는 것은 아니지만 어떤 때 보면 별로 특별한 게 없어요.

내가 소신학교인 성신고등학교 선생일 때 학생들 면접을 하면서 "어떻게 해서 신학교에 지원했느냐?" 하고 물어봤어요.

그 무렵에 동성고등학교 교목신부로 계셨던 최 바오로 신부가 오토바이를 참 잘 탔어요. 교구행사 때 오토바이 타고 쭉 가면 멋있었거든. 그걸 봤는지 한 학생이 "최 신부님처럼 나도 오토바이 좀 타려고요" 그러더라고.

그때는 계란이 참 귀해서 신부님들이 오시면 주안상에 마실 것하고 계란반찬을 해주었어요. "그 계란이 먹고 싶어서 그랬습니다" 하고 얘기하는 학생도 있었고요.

나도 형이 가니까 가보고 싶었던 거지요. 아버지가 좀 엄하긴 했는데 신학교 가는 것은 좋다고 하셨어요. 그런데 신부님이 "형이 갔는데 뭘 너까지 또 가느냐?" 그러시더라고요.

그래서 내가 "처분만 기다립니다" 했더니 "좋다, 그러면 추천서를 써주겠다" 하시고 면접 때 너는 어떻게 해서 신부가 되려고 하느냐를 꼭 물어볼 테니까 "내 영혼도 구하고 남의 영혼도 구하기 위해서 왔습니다" 하고 대답하라고 알려주셨어요.

면접을 하는데 교구장으로 계셨던 원 주교, 교장신부, 또 선생신부들이 죽 앉아서 그걸 물어보는 거예요. 그래서 "제 영혼도 구하고 남의 영혼도 구하기 위해서 신부가 되려고 합니다" 하고 대답했지요. 그때 그 대답은 아마 전국적으로 거의 같았을 거예요.

문답이라고 해서 교리에 대해 물어보고 대답하는 시험이 있었어요. 시험은 동성상업학교에서 쳤는데 그때 나는 산수를 못했어요. 그런데 그해에 일본정부에서 전국적으로 영을 내렸대요. "산수는 전시에 중요치 않으니 시험 치지 마라. 국어·국사를 시험에 넣어라" 그래서 그해만 산수시험이 없었는데 그다음 해부터는 다시 생겼어요. 이상하게 그해 1년만 없었어요. 그래서 주님께 "감사합니다" 했지요.

친구하고 둘이 갔는데 친구는 낙방이 되었어요. 그 뒤에 친구는 결혼하고 애 낳고 역에서 일하다가 일찍 세상을 떠났어요. 그 사람과 내 길이 이렇게 달라졌구나 하는 것을 생각하면 내가 정말 성소를 안 받았다면 어떻게 됐을까….

당시 6·25를 겪으면서 고향 사람들이 인천으로 피난 와서 살고 있었거든요. 신학교 안 갔으면 나도 그 중 하나였겠구나 하고 요새 와서 많이 생각해요.

내 지나온 길을 보면 나에 대한 주님의 섭리, 계획을 느껴요. 아무것도 아닌, 먼지 같은 나 하나를 위해서 계획하셨다는 생각이 내 머리에 죽 찾아와요.

나는 정말 너무나 많은 은혜를 입고 있구나! 영적인 것, 현세적인 것 이게 다 주님이 내게 주신 거구나 하는 걸 마음 깊이 느끼지요. 살면서 내가 감격하는 만큼 눈물을 흘렸다면 정말 많은 양의 눈물을 쏟았을 텐데 내가 눈물이 별로 없어요.

그래서 요새는 "주님, 눈물의 은혜를 주십시오. 왜 안 주세요?" 하고 기도를 해요.

신부되고 4년째 사순절이었는데 엑스레이 촬영결과 암이라는 진단이 나왔어요. 위궤양이 암으로 전이됐다고 하더라고요. 나는 그때 심각했어요. 이제 죽는구나 했지요.

의사들끼리 내과적으로 치료하자고도 하고 수술하자고도 하더니 결국은 수술을 받게 됐어요. 마취에서 깨어나 보니까 누군가 큰소리로 "배를 열었는데 수술은 안했어요"라는 거예요. 그때는 날 위로하느라고 그냥 그러려니 했는데 실제로 내 배를 열어보니까 "깨끗하다, 암이 아니다" 오진이었던 거지요.

수술 전날 최민순 신부님이 오셨는데, 그분이 스페인에서 영성공부 할 때 내가 로마에 있어서 방학 때면 거기 가서 그분하고 지내기도 했어요.

"내일 수술 받는데 요새 마음이 불안하고 잠이 안 와요" 했더니 그분은 내 신앙이 약해서 그렇다면서 "그럼 얼마를 더 살면 만족하겠느냐?"고 묻는 거예요.

그때 제일 부러웠던 것이 '내 동기생들은 이 세상에 남아서 더 많은 일을 하겠구나!' 였어요. 그래서 내가 "은경축은 지냈으면 좋겠습니다. 신부 된 지 얼마 안되어서 일도 많이 못했는데 이렇게 가는 게 억울합니다" 했지요.

그랬더니 그분 말씀이 "그때도 죽을 때는 아쉬울 거다. 내가 한 것도 없이 무공무덕한 상태에서 이렇게 죽는구나 할 게다" 이렇게 말씀하시더라고요.

그런데 아닌 게 아니라 그 말씀이 맞았어요. 내가 지금 은경축, 금경축까지도 지냈는데 차라리 그때 죽었더라면 오히려 지금보다 낫지 않았을까!

내가 '불완전이 나의 신원身元이다' 하는 글을 쓴 적이 있어요. 나는 불완전하게 태어났고 불완전하게 살다가 결국 불완전한 상태에서 죽게 된다. 그러면 내가 어떻게 완전한 사람으로 죽을 수 있느냐? '완전하다는 것은 오로지 주님께서 만들어주시는 거다' 하는 내용이에요.

주님의 자비가 무한하다면 나의 공로도 무한한 거니까 주님의 은총만이 나를 편안하게 죽게 할 것이다.

성경에 벳자타 못에 가서 삼십팔 년이나 물에 들어가고 싶어도 도와주는 사람이 없어서 꼼짝 못하고 지낸 사람의 이야기가 나와요. 자기 힘으로는 삼십팔 년 아니라 백 년을 더 있어도 못 들어가요.

그런데 예수님께서 "일어나서 가거라!" 한마디 하니까 즉각 일어나잖아요. 삼십팔 년 동안이나 그렇게 앉아있었다면 의술이 발달한 요즘에도 몇 해는 치료받아야 걸어 다닐 수 있을까 말까일 텐데 예수님 한마디에 즉각 그렇게 일어나서 걸었다는 거지요.

"부자가 천국에 들어가는 것보다 낙타가 바늘귀에 들어가는 게 오히려 더 쉽다" 그러니까 제자들은 깜짝 놀라서 그렇다면 구원받을 사람이 어디 있겠는가 뒤에서 웅성웅성 했거든요.

"그렇다, 구원받을 사람이 없다. 그러나 하느님께는 불가능한 것이 없다" 하느님께서 다 하신다는 겁니다. 근본적으로 우리는 우리 생각으로가 아니라 하느님의 자비로 사는 겁니다.

소화데레사도 우리들에게 너무 연옥에 가는 것을 염두에 두고 살지 말자고 했어요. 연세 든 수녀님이 연옥 얘기를 자주 하셨대요. 그러면 "연옥 얘기를 하지 마십시오. 연옥 얘기를 하면 진짜로 연옥에 가십니다" 그랬는데 그 수녀님이 돌아가시고는 가끔 꿈에 나타나서 "날 위해서 기도해달라. 나는 연옥에 있다" 고 하더라는 겁니다.

우리는 불완전하고 우리를 완전하게 하는 것은 하느님이시다는 생각에서 '불완전한 우리는 죽어서 모두 연옥에 간다. 거기에서 우리의 허물이 완전히 없어져야 된다. 조그만 것이라도 남아 있어서는 안된다. 이 세상에서 성사를 통해서 죄를 용서받았다 하더라도 그 흔적은 남아 있다.

그러니까 이것을 없애기 위해서는 연옥의 불 속에 들어가서 단련을 받아야 된다'는 것이죠. 그러니까 소화데레사는 연옥에 얽매이는 우리 생각이 잘못됐다는 거죠. 거기에는 뭔가 깊은 뜻이 있어요.

우리는 아무리 살아도 완전한 사람이 될 수 없어요. 벳자타 못의 그 사람이 아무리 오래 살았어도 고쳐지지 않았던 것처럼… 하지만 하느님의 은총이 있으면 연옥을 안 거치고도 하느님께 곧장 갈 수 있어요. 그러니까 우리는 근본적으로 주님의 자비에 의탁할 수밖에 없는 거예요.

우스개 얘기지만 내가 아는 분 중에 어려서부터 신앙생활 한다고 애를 쓴 분이 있는데 제주도에서 유명한 어떤 오입쟁이가 대세를 받았다는 얘기를 듣고 직접 본당신부님을 찾아가서 "그 사람이 어떤 사람인데 대세를 주셨습니까?" 하고 물었대요.

그러면서 대세받은 그 사람이 진짜로 천당 가느냐고. 억울하다 이거지요.

그런데 주님께는 방법이 다 있는 거예요. 예수님 오른쪽 십자가에 달린 죄수의 경우도 마찬가지예요. 그는 살인도 하고 죄를 많이 지었는데 마지막 순간에 주님을 알아뵈었어요. 그래서 구원을 청했는데 즉각 들어줬어요.

어느 대주교님께서 쓴 책에 보면 그 죄수는 "예수님으로부터 십자가에서 직접 시성된 사람이다" 이렇게 되어 있어요. 그러니까 그 자리에서 즉각 의인이 되고, 성인이 됐단 말이에요.

그래서 나는 '구원은 정말 주님께 달렸구나. 그러니까 우리는 겸손해야 된다. 우리가 뭘 가졌다고 생색내지 말자' 돈 가졌다고 자랑할 것도 없고 변변치 않은 재주 가지고 자랑할 것도 없다. 주님은 무한한 분인데 그 앞에서 무엇을 자랑할 수 있느냐? 무슨 지위를 가지고 자랑할 것도 아니고 덕을 가지고 자랑할 것도 아니다.

덕은 누가 만들어준 것이냐? 다 주님이 하신 거다. 그러니까 우리는 겸손해야 된다. 받을수록 겸손해야 된다.

'겸손' 그것이 주님 앞에서 우리가 가져야 될 자세라고 봐요. 그래서 "주님! 감사합니다" 진짜 감사는 겸손한 데서 나와요. 나는 살면서 나의 무능을 많이 체험했어요. 그래서 '무능은 나의 또 다른 이름이다' 하는 글도 썼어요.

내가 팔자 고친 얘기

내가 주님의 사랑을 느낀 것은 성령쇄신과 관계가 있어요. 처음에 성령쇄신이 들어왔다고 했을 때 본당신부들이 걱정을 하더라고요. 가톨릭중앙의료원장으로 있을 때인데 나도 '별게 다 들어와서 어지럽힌다'고 생각했지요. 어떻든 우여곡절 끝에 그것을 이단시까지 하던 내가 거기에 한번 가봐야겠다 생각을 하게 됐어요.

내가 의료원장할 때 의료원 관리실장이었던 김대군 신부와 서로 자주 만나고 출퇴근 때도 같은 차를 탔는데 김 신부가 "처음에는 신부들끼리 장난삼아 갔는데, 거기에 뭔가 있다는 걸 느껴서 벌써 두 번째 갔다 왔다"면서 두 번째 갔을 때는 뭘 좀 많이 얻었다고 해요. 그러면서 나한테 한번 갔다 오는 것도 좋을 것 같다고 얘기하는 거예요. 그래도 그때는 "생각해보자" 하면서 건성으로 대답을 했지요.

그때 은퇴 신부님들을 위해서 집을 지었는데, 은퇴 신부님들이 병원과 멀다고 안 가서서 '허허벌판'이라 불리는 곳이 있었어요. 그래서 우리가 얼마 동안 거기에서 살았거든요.

그런데 그 신부가 그 허허벌판에서 성령기도도 하고 노래도 하더라고요. 어느 날 자다 일어나 그걸 들으면서 '아, 나도 가야지' 하는 생각이 들었어요. 그래서 그 신부한테 "지금 성령쇄신 하는 데 있습니까?"라고 물어봤더니 그때가 10월 하순인데 "1월 6일부터 성령쇄신이 있어서 저는 벌써 세 번째 신청해놨어요" 해요. "지금 그게 될까?" 했더니 그건 염려 말래요.

어느 날 5년 선배인 이계중 신부랑 택시를 타고 가는데 "요새 우리 본당에 성령쇄신이 와 있어서 한번 가보고 싶은데 나이가 많아서 가기 좀 뭐하다. 함께 가는 사람이 있으면 혹시 모를까…" 그러는 거예요. 그래서 "제가 거기 신청해 놨습니다" 하니까 그러면 자기도 신청해달라고 해요. 그래서 그분들과 함께 갔어요.

거기서 내가 눈물을 흘렸고 하느님의 사랑을 느꼈어요. 전에는 가톨릭성가만 불렀는데 거기에서는 성령쇄신 은사를 받은 봉사자들이 나와서 복음성가를 하는데 그게 그렇게 내 마음에 와 닿더라고요.

그리고 강의를 하는데 강사가 특별한 사람들이 아니라, 다 내 제자들이에요. 그런데 그 강의를 들으면서 내가 눈물이 죽 나오고 성가 부르면서도 눈물이 났어요. 내가 유명한 강사한테 강의도 많이 들어봤고 또 피정도 많이 가봤는데 한번도 그런 감동을 받은 일이 없었어요. 그래서 눈물의 고마움을 알았지요.

그 후에는 이따금씩 좀 흐느낌이라는 게 오더라고요. 내가 어디에 가서 강론을 하다가도 흐느낌이 올 때가 있어요. 그래서 나는 "눈물의 은혜를 좀 더 주십시오!"라고 기도하지요. 눈물은 사람을 정화시켜줘요. 그러고나서 내가 영적으로 좀 부드러워진 것 같아요.

나를 부드럽게 만들어준 건 성령쇄신이에요. 그 체험을 '내가 팔자 고친 얘기'라는 제목으로 쓴 적이 있지요. 성령쇄신이 나의 팔자를 고쳐주었다고. 물론 성령쇄신이 제대로 안될 때도 있었고 좀 삐딱할 때도 있었지만 나는 매일 기도해요. 오늘 아침에도 기도했어요.

이 성령쇄신은 새로운 차원의 신앙쇄신이에요. 개인이나 교회 전체가 쇄신되길 바라며 '성령의 불이 꺼지지 않도록, 우리 탓으로 약화되지 않도록 해주십시오. 세상 마칠 때까지 주님 은총의 흐름이 줄어지거나 끊어지지 않도록 해주십시오' 하고 기도합니다.

그게 오늘 아침에 일어나서 기도한 것 중 하나예요. 인간 탓으로 잘못되지 않게, 옳게 제대로 되도록 해달라고.

나도 죽음이 두렵지요

죽음은 누구나 다 두려워하는 것 같아요. 얼마 전에 돌아가신 포콜라레 창시자 '끼아라 루빅'도 돌아가시기 전에 얼마 동안 '어두운 밤'을 체험했어요. 그분은 해놓으신 것도 많았고 또 이름도 알려져 있으니까 그걸 버리기가 상당히 힘들었겠죠.

그냥 포기하고 홀로 가야 되는 것도 있었을 거고. 그러나 주님께서 시련을 주시는데 그동안 정화가 돼요.

소화데레사도 어릴 때는 당당했거든요. 항상 하느님 모시고 행복하게 지냈기 때문에. 소화데레사 큰언니 마리아가 "너는 정말 어린 영혼으로 깨끗하고 순수하기 때문에 주님께서 너한테는 시련을 안 주실 거야. 너는 그냥 아주 기쁘게 하늘에 갈 거야"라고 했는데 그게 아니었어요. 그분이 폐병 때문에 오래 고생을 하면서 한 1년은 그냥 캄캄했어요.

언니 원장이 "오늘은 어떠냐?" 하면 "아직도 그래요" 했대요. 그러면서도 소화데레사는 "나는 항상 주님을 사랑합니다" 하고 믿음을 고백했어요.

죽기 전까지 고통으로 얼굴을 찡그리고 있었지만 죽는 순간에는 얼굴이 펴져서 웃는 모습으로 돌아왔어요. 돌아가신 다음에 찍은 사진을 보면 아주 평화로워요. 수녀님들은 임종 끝에 사도신경을 하는 전통이 있는데 그것이 믿음을 북돋워주니까 큰소리치며 살아가는가 봐요.

나도 죽음이 두렵지요. 두려워서 그냥 하느님의 자비만 믿지요. 내가 어떻게 주님을 뵐까하는 두려움이 있어요. 희희낙락하다가 죽는 것보다는 오히려 두려워하는 게 나아요. 하지만 염려할 필요 없어요. 두려워하는 건 누구나 다 있는 거예요. 주님께서 우리 본능에다가 그런 걸 붙여주셨어요. 그래서 우리가 구원에 희망을 걸지요.

교황님이 제일 먼저 내신 회칙이 '하느님은 사랑이시다'예요. 그분도 그것을 체험하는 분이에요.

책에 보면 "하느님과 나 둘만 알고 있는 것들이 우리 각자에게 다 있다. 그것은 절대 폭로되지 않는다" 하는 구절이 있어요. 내게 있는 나쁜 것을 다 폭로하자면 많지요. 그런데 주님은 폭로되지 않도록 그것을 감춰주세요. 그래서 우리가 살 수 있도록 하세요.

이런 얘기를 하셨다는 것을 보고 '내가 느끼고 있던 것을 그대로 얘기하셨구나' 이런 생각이 들었지요. 그러니까 인간은 다 같은 상황에 있다는 거예요.

나는 사제생활이 참 단순했어요. 본당 경험 없이 성신학교, 가톨릭대학교에 있다가 성모병원장, 가톨릭의대학장, 성요셉병원장을 맡았는데 도와주시는 분들이 많았어요. 주님이 유능한 사람들을 붙여줘서 쉽게 살도록 해주셨지요.

가톨릭중앙의료원장을 한 10년 하고 '아, 이제 그만해도 되겠다!' 싶어서 김수환 추기경한테 "조용한 데 가서 자연 속에 묻혀 살고 싶다" 했더니 그럼 한번 찾아보라고 해서 강원도 봉평이라는 데를 가봤는데 산이 아주 좋았어요. 머물 곳을 봉평으로 정했지요.

그런데 주님께서 '너는 내 종인데 네 마음대로 하느냐? 주인이 가라는 데로 가야지 어떻게 네가 네 길을 찾아서 가느냐?'

소리는 들리지 않았지만 큰소리만큼이나 강하게 느껴지는 거예요. 그래서 '잘못했습니다. 너무 경솔했습니다. 앞으로는 당신의 손길만 따라서 살겠습니다!' 하고 여기 제주로 와서 주교수품을 하게 되었지요.

제주교구장에서 물러나고 여기 와서 생각하니까 정말 주님이 고마운 분이에요. 내가 그때 강원도로 갔더라면 아직까지 살아 있을 것 같지도 않아요. 강원도 봉평은 의사도 없는 산골인데, 여기서는 좋은 의사들도 붙여주셔서 지금 잘 살고 있지요.

그래서 정말 그분의 손길이야말로 내 행복의 길이라고 느껴요.

은퇴 성직자 중에 나만큼 기도하기 좋은 조건과 환경을 가진 분도 없을 거예요. 내가 머물고 있는 '삼뫼소 은총의 동산'은 늘 은총이 감도는 피정 센터에서도 제일 좋은 곳에 자리 잡고 있지요. 성모 동굴이 바로 위에 있고, 십자가의 길, 호수를 끼고 도는 로사리오의 길, 삼위일체 성전을 지척에 두고 있어요.

성체를 모신 작고 아담한 경당이 바로 내 거실 안에 있어서 미닫이문을 열기만 하면 바로 성체와 대면하게 되어 있답니다. 거기다가 주변에는 피정의 집이 있고 '제주교구의 진주'라고 부르는 글라라 관상 수도원이 있어요.

그러니 기도 분위기에 대해 내가 더 이상 무엇을 바라겠습니까? 날이 갈수록 '은수와 기도'가 나의 성소임을 더 확실히 깨닫게 됩니다. 특히 기도는 주님께서 내게 주신 '제1의 성소'입니다.

내 성소에 대해서는 브리즈 멕케나 수녀의 특수 은사인 영상을 통해 이미 예고됐었지요. 그분이 본 영상에 의하면 내가 아담한 기도실에서 기도를 하는데 밖에서는 여러 사람들의 소란스러운 모습들이 보이더래요.

내가 "내게 좋지 않은 의미를 지닌 영상이 아니냐?"고 했더니 수녀님은 반대로 아주 좋은 의미를 가진 것이라는 거예요. 과연 나는 그 수녀님이 보신 대로 지금 좁은 공간에서 기도를 하며 살고 있어요. 누가 이런 생활을 강요한다면 그것은 영락없는 연금생활이겠지만요.

그러나 나는 우주공간을 체험하며 살고 있으니까 세상 어느 누구보다도 넓게 살고 있어요. 좀 과장해서 말한다면 나는 아침부터 밤까지 기도를 하면서 살아요.

나는 사람들과 자주 만나지는 않아도 정신적으로 많이 통해요. 늘 영적으로, 정신적으로 그들을 생각해요. 나를 아는 사람치고 내 기도에 포함되지 않는 사람이 없어요. 어떤 때는 나를 모르는 사람들을 위해서도 기도를 하지요. 아까도 좋은 신자가 오늘내일 하고 있어서 기도했어요.

　그런데 가만히 보면 내가 기도해줄 사람들이 너무 많아요. 그럴 때 나는 '주님, 알아서 하셔야지 내가 뭘…' 이러기도 하지요. 미국에서 만났던 자매들, 지금은 할머니가 됐거나 돌아가셨을 거예요. 아무튼 살아있거나 죽었거나 그분들한테 약속드린 것도 있어서 나는 '매년 기억하리다!' 그런 기도를 하지요. 그리고 여러 곳에서 나를 찾아오는 분들을 위해서도 기도를 해요.

토마스 아퀴나스와는 다른 길로

영성적으로 살려면 뭐든지 항상 예수님의 이름, 주님의 이름으로 한다는 생각을 잊지 말아야 해요. 복음에도 있어요. "너희가 내 이름으로 청하는 것은 무엇이든지 내가 다 이루어주겠다"요한 14. 13 그러니까 예수님의 이름이 얼마나 힘이 있는 위대한 이름이냐 이거예요.

그런데 신앙이 약해지면 '주님의 이름? 그게 사실일까?' 하면서 적혀 있으니까 그냥 읽기만 하는 경우가 있어요. 저도 그런 일이 있었지만 우리는 예수님의 이름을 가지고 모든 것을 해야 돼요.

저는 매일 예수님의 이름으로 뭘 한다, 명한다는 것을 믿지요. 확실히 사탄이나 마귀가 있어요. 악의 세력은 겉으로 드러나는 경우가 거의 없기 때문에 거기다 대고 예수님의 이름으로 명한다고 해야지요. 병마도 예수님의 이름으로 물러가라고 해야 돼요.

예수님을 만나면 아버지를 만나는 거예요. 성경 말씀에도 "필립보야, 내가 이토록 오랫동안 너희와 함께 지냈는데도, 너는 나를 모른다는 말이냐? 나를 본 사람은 곧 아버지를 뵌 것이다. 그런데 너는 어찌하여 '저희가 아버지를 뵙게 해주십시오' 하느냐?"요한 14. 9 그러셨어요.

예수님을 만나면 성령 안에서 반드시 아버지를 만나게 해줘요. 그래서 진짜 아버지를 아버지로 느끼게 돼요. 또 예수님을 형님으로 모시게 돼요. 우리 형님으로 여기에 오신 것이지요.

우리가 하느님을 아버지라 부른다면 예수님을 형님이라고 부르는 게 자연스러운 일이에요. 당신도 "내 형제들을 위해서 여기에 왔다"고 했어요. 예수님을 형님으로 모시면 아버지도 아주 가깝게 진짜 아버지로 느낄 수 있어요.

그런데 예수님은 형상이 있지만 아버지는 형상이 없어요. 예수님은 그림으로 그릴 수도 있는데 아버지는 영적인 존재예요.

그러면 그분의 사랑이 그렇게 극진하시다는데, 우리가 어떻게 느낄 수 있느냐? 예수님을 통해서 느끼는 거지요.

예수님은 심장을 가지고 있고 우리를 안을 수 있는 품도 가지고 있어요. 그래서 '나를 봤으면 아버지를 본 것이다. 나는 심장이 있고 사랑을 표시할 수 있고 끌어안을 수도 있다.

아버지는 나의 원형이다. 심장의 원형이요, 품의 원형이다' 하고 느끼게 해주셔요.

아버지는 무형, 무명이라고도 해요. 형태도 없고 이름도 없는 분이시지만 육화된 예수님을 통해서 느껴져요. 성령도 정말 영적인 존재라서 우리가 못 느끼지만 그분을 통해서 느끼게 돼요.

그분이 이렇게 만들어주시는구나 하는 것을 느끼게 되지요. 그래서 삼위일체를 무슨 이론으로서가 아니라 실제로 느끼는 거예요.

우리가 삼위일체, 삼위일체 하지만 이론적으로는 제대로 모릅니다. 〈삼위일체론〉이라는 책을 쓰고 삼위일체에 대해서는 상당히 깊은 연구를 한 성 아우구스티누스도 사실은 제대로 몰랐어요. 공부로는 모릅니다.

그러나 소박한 할머니라도 삼위일체를, 주님이 계신 것을 느낄 수 있어요. 이건 연구로 되는 게 아니고 학문으로 되는 게 아네요. 이것은 주님과 인격적인 교환이에요.

그래서 주님이 내 소중한 생명을 끝부분에 덧붙여주신 것을 좀 느끼면서 살고 있어요. '네가 책도 읽고 연구도 한다고 하지만 아직 나하고는 거리가 멀다. 그러니까 더 단순해져라. 단순하면 단순할수록 나는 더 계시를 하겠다' 이렇게 말씀하시는 것을 나는 느끼지요.

그렇다고 신앙에서 신학이 중요하지 않다는 얘기가 아니에요. 이론도 있고 기초가 있어야지요. 하지만 그건 신학자들의 몫이지요. 신학자들은 그것 때문에 희생될 수가 있어요. 신학을 하느라 하느님하고는 좀 거리를 두게 될 수 있어요.

가톨릭에서는 성 토마스 아퀴나스의 스콜라 학파의 학문이 아니면 신학이 없는 것처럼 생각하던 때가 있었어요. 제2차 바티칸 공의회 이전까지만 해도 철학도 신학도 전부 그분 것을 배웠어요.

스콜라라는 말은 번쇄煩瑣라는 뜻이에요. 꼼꼼히 따지고 정의하고 또 그것을 다시 재정의하고 이론으로 딱 맞추는, 그런 것에 우리가 꽉 잡혀 있어서 마음이 좀 열리지 못한 때도 있었지요.

그분이 우리 가톨릭교회의 금과옥조처럼 되어 있는 〈신학대

전〉이라는 큰 책을 쓰셨어요. 그런데 그것을 다 못 쓰고 떠나셨어요. 교리편, 계명편, 성사편으로 되어 있는데 마지막 성사편은 다섯 가지는 다 해놓고 아주 간단한 거 두 가지를, 한 달이면 끝낼 수 있는 분량만 남겨놓고 미완성으로 됐어요. 왜 그렇게 됐느냐?

12월 6일 니콜라오 축일에 토마스 아퀴나스가 혼자 미사를 봉헌했는데, 봉헌하는 동안에 그 양반이 무언가 이루 말로 다 표현할 수 없는 걸 봤어요. 그다음부터 붓을 내던졌어요.

왜 그랬는지 토마스 아퀴나스 전기작가가 쓴 글에 보면 이런 대목이 있어요.

"거기 버드나무에 우리 비파를 걸었네. 우리를 포로로 잡아간 자들이 노래를 부르라, 우리의 압제자들이 흥을 돋우라 하는구나. '자, 시온의 노래를 한가락 우리에게 불러보아라'

우리 어찌 주님의 노래를 남의 나라 땅에서 부를 수 있으랴? 예루살렘아, 내가 만일 너를 잊는다면 내 오른손이 말라버리리라. 내가 만일 너를 생각 않는다면 내가 만일 예루살렘을 내 가장 큰 기쁨 위에 두지 않는다면 내 혀가 입천장에 붙어버리리라"시편 137, 2-6

이 시편을 보고 토마스 아퀴나스가 붓을 걸어두었다고 썼어요. 한마디로 붓을 내던진 거예요.

그러니까 '레지날도'라는 토마스 아퀴나스의 한 친구가 "조금만 더 하면 끝나는데 왜 안하고 있느냐? 네가 하는 일은 그저 집필하는 일이었는데 그걸 그만둔다니 어떻게 된 거냐?" 했더니 토마스 아퀴나스가 "그날 아침 내가 시편을 보고 나서는 내가 지금까지 한 모든 것, 〈신학대전〉뿐 아니라 다른 모든 책이 다 검불로 여겨지더라" 그렇게 말했어요. 그리고는 아무것도 안하고 6개월 후에 돌아가셨어요.

나는 그가 성덕을 닦은 건 그 6개월이었다고 보는 거예요. 물론 주님께서 도와주셔서 했겠지만 신학책을 쓸 때는 머리로 증명해야 되는데 사실 그건 별 가치가 없는 거예요.

하지만 그 양반은 죽기 전 마지막 그 6개월 동안 진짜로 하느님과의 생활, 그분이 이론으로 얘기하던 '초자연'을 거기서 체험했던 거예요.

그래서 우리가 신학을 하기는 해야 되지만 거기에 희생이 되어서는 안 된다. '학문을 하면 할수록 하느님과는 더 깊은 관계를 지속해야 한다' 하는 생각을 하지요.

성직자들이 신학을 하면 머리를 주로 사용하게 되니까 머리는 발달되는 대신 마음이 빈곤할 수 있어요. 그래서 신심을 보충해주어야 하는 거예요.

머리만으로는 안돼요. 물론 교회에서는 이론을 세울 수밖에 없지요. 우리 손으로 교리를 만들고, 또 공적 계시에 의해 살아야 된다 하지요. 그러나 교회가 잘못된 것을 좀 질책하기도 하고 다스려야 되기도 해요.

그런데 오히려 주님께서는 그것 때문에 고난당하셨잖아요. 더구나 종교재판을 해서 얼마나 많이 죽였어요? 어느 통계에 의하면 20년인가 30년 동안에 마녀, 이단이라고 해서 15만 명이나 죽였더라고요. 좋은 사람들도 많이 죽었을 거예요.

갈멜수녀원을 세운 아빌라의 데레사, 예수의 데레사라고 하는 분이 〈영혼의 성〉이라든가 〈완덕의 길〉을 쓰고, 기도에 대해서 썼어요. 스페인의 종교재판 관계자가 그 책을 찾아내려고 수녀원을 수색했어요. 봉쇄구역이라 안된다 했는데 안되는 게 어디 있느냐 하면서 침입했지요.

만약 찾았다면 아빌라의 데레사가 화형 당했을지도 몰라요. 다행히 그때 그 책은 하느님의 섭리로, 밖에 있는 어떤 귀부인의 손에 있었지요.

어떻든 주님께서는 예수성심 신심이라든가 성모 신심이라든가 십자가의 신심, 로사리오의 신심, 여러 가지 신심을 동시에 하도록 해서 신학을 견제하도록 했다고 할까, 신학을 치유·완

화시키려고 하셨어요. 그래서 우리 교회의 신심이 상당히 가치
있는 것이고 좋은 전통입니다.

내가 만난 세 여인

우리가 알고 있는 교리나 신학, 공적 계시가 우리를 구원하는 것은 아니고요. 우리는 결국 주님과 함께 살아야 구원되는 거예요. 우리가 인공위성을 쏘아 보낼 때 '도킹한다'고 하잖아요.

이 세상에서 저세상으로 넘어갈 때도 죽음을 통해서 영원으로 도킹하는데, 그 생명의 교환, 생명의 나눔을 통해서 우리가 구원을 받게 되는 거예요.

이 신심이 얼마나 중요하냐? 20세기에 들어와서 새로 보태진 교회학자 세 분의 경우를 보면 잘 알 수 있어요. 얼마 전까지 교회학자가 남자만 서른 분이 계셨는데 이제는 서른세 분이에요.

이 세 분은 여성이에요. '아빌라의 성녀 데레사'와 '시에나의 성녀 카타리나'가 일주일 간격으로 교회학자 반열에 들어갔고, 얼마 지나지 않아서 '아기 예수의 데레사'가 그 대열에 들어갔어요.

교회학자의 칭호를 받으려면 우선 성덕이 있어야 되고, 깊고 심오한 학식이 있어야 돼요. 그런데 세 여자 성인들은 위대한 성덕은 있었지만 신학을 공부한 것은 아니었어요.

아빌라의 성녀 데레사는 교육을 좀 받았지만 시에나의 성녀 카타리나는 문맹이었는데 하느님의 특은을 받아 글을 깨치고 책을 쓰게 됐어요.

그리고 아기 예수의 데레사는 열네 살에 수녀원에 들어가 스물네 살에 세상을 떠났어요. 열네 살이면 우리로 중학생 정도인데 그분이 어떻게 학자라는 칭호를 받게 됐느냐?

아빌라의 성녀 데레사는 큰 책 세 권을 썼어요. 〈자서전〉과 〈영혼의 성〉, 또 기도에 대해서 쓴 〈완덕의 길〉. 이것이 그분으로 하여금 학자의 칭호를 받게 해준 거예요.

시에나의 카타리나는 〈다리〉를 썼어요. 다리는 예수님을 가리키는데 그 책이 그분을 학자로 만들었어요.

아기 예수의 데레사는 〈한 영혼의 이야기〉라는 자서전을 썼는데, 그것도 자기 언니인 원장 수녀가 명령을 해서 썼지 자기가 쓰겠다고 해서 쓴 건 아니었어요.

그런데 그분들의 책에는 신학만이 아니라 그분들을 교회학자 반열에 들게 한 영성적인 글이 담겨 있어요.

그분들은 학문이나 이론을 연구해서 학자가 된 게 아니라 자기의 신심을 이야기했을 뿐이지요. 이런 사실은 나로 하여금 학자의 개념, 학식의 개념이 전과 좀 달라졌음을 깨닫게 해주었어요.

나도 신학을 좀 공부하고 가르치기까지 했지만 그게 주님과의 거리를 가깝게 하지는 못했어요. 만날 누구는 어떻게 얘기했고 또 거기에 대하여 어떤 반론이 있었고 뭐 이런 것만 하다 보니까. 그런데 이제는 '아, 그게 아니구나. 그것을 좀 깨달으라시는구나'

물론 학식이 소중한 것은 분명하지요. 그러나 그것 못지않게 중요한 것이 신심임을 나는 교회사에서 확인하게 돼요.

우리 교회사에는 여러 시대에 걸쳐 하느님께서 일으켜주신 신심 운동이 있지 않습니까? 가령 삼위일체 신심, 성체 신심, 예수성심 신심, 성모성심 신심, 십자가의 길 신심, 묵주기도의 신심, 성령 신심, 그리고 천사들과 성인들에 대한 신심 등이 있지요. 그 모든 신심을 존중하고 사랑하다 보니 내 신앙생활의 균형이 잡히더군요.

나는 요새 하느님의 가족인 걸 느껴요. 삼위일체 하느님을 모시고 또 성모님을 비롯하여 모든 천사들과 성인 성녀들 그리고 현세에서 나와 함께 나그네살이 하는 형제자매들과의 가족의식을 지니고 산답니다. 그렇지만 완전한 가족관계는 세상을 떠나 주님의 나라에 가서 이루어지는 거지요.

거의 60년 전의 일입니다만 시인이신 최민순 신부님이 나한테 상본을 하나 주시는 거예요. 예수님의 심장에서 붉은색과 흰색의 두 줄기 빛이 뿜어나오고 있는 상본이었어요.

뒷면에는 '우리를 위하여 인자의 샘이신 예수 성심께서 흘리신 성혈과 물이여, 나 네게 믿나이다'와 '예수여 나 네게 믿나이다' 하고 쓰여 있더군요.

그날부터 오늘에 이르도록 하루도 거르지 않고 그 기도를 바쳐오고 있는데, 알고 보니 그 신심은 폴란드의 한 수녀를 통해서 일어난 것이었어요.

그분이 바로 마리아 파우스티나 코왈스카입니다. 이 분도 앞에서 말한 세 분의 수녀들의 경우와 비슷해요. 초등 교육만 받고 수녀원에 들어가 그저 빨래방이나 식당 주방에서 일하던 수녀였어요.

그렇지만 하느님께서는 그에게 당신의 자비에 관한 중요한 계시를 하셨어요. 그 기록이 바로 〈자비가 풍성하신 하느님〉이란 책이고 성녀는 '하느님 자비의 사도'라고 불리지요.

성녀는 생애 마지막 6개월 동안을 조용히 주님을 관상하다가 33세에 세상을 떠났고 1993년에 시복 되었는데 폴란드에서는 하느님의 자비 주일로 제정하여 지내게 되었지요.

그 후 요한 바오로 2세 교황님이 파우스티나 수녀를 시성하셔서 제 삼천 년기의 첫 성인이 된 셈입니다. 그리고 그날 교황님은 부활 다음 주일을 '하느님의 자비 주일'로 정하고 세계적으로 그날을 지내도록 선포하셨어요.

사실 지금은 하느님 자비의 시대예요. 파우스티나가 만든 하느님 자비에 관한 기도 중에는 '하느님 자비의 호칭기도'라는 것이 있어요. 본래는 폴란드 말로 되어 있지만 나는 영어로 번역된 걸 쓰는데 그게 참 좋아요.

제일 먼저 "가장 큰 신적 속성이신 하느님의 자비여, 나 당신께 의탁하나이다"로 시작해서 "모든 희망이 사라졌을 때에도 희망을 불어넣어 주시는 하느님의 자비여, 나 당신께 의탁하나이다"로 끝나는 그 기도는 서른다섯 호칭이 있어요.

그리고 끝으로 "기도합시다. 한량없는 자비와 무진장한 연민의 보고이신 영원하신 하느님, 우리를 귀엽게 보시고 우리 안에 당신의 자비를 늘려주시어 어려울 때에 우리로 하여금 굳은 신뢰심을 가지고 실망하거나 낙담하지 않고 사랑과 자비 자체이신 당신의 성의에 온전히 내맡겨 드리게 하소서. 아멘" 하고 기도를 마치지요.

내가 이 기도를 바치면서 확실히 깨닫게 된 것은 누구든지 하느님의 자비에 자기 자신을 완전히 의탁하면 구원을 받게 되리라는 것이에요. 우리의 죄를 생각하면 구원받기 어려운데 하느님의 자비로 구원을 받게 된다는 것이지요.

이 기도를 하면 할수록 '정말 좋은 기도구나. 나는 자비의 하느님을 모시고, 하느님의 사랑을 받고 사는구나' 하는 것을 느끼게 되지요. 나도 파우스티나 성녀처럼 조용히 주님을 모시고 은수생활을 하다가 세상을 떠나고 싶어요.

감실 앞에서 춤추는 주교

평소에 성무일도를 비롯해 여러 가지 염경기도와 묵상을 하지요. 마리아 파우스티나 코왈스카 성녀가 만든 '하느님 자비의 호칭기도'라든가 영원한 도움의 성모님께 바치는 9일기도, 성서 읽기와 찬미의 노래 부르기 등을 합니다.

물론 묵주기도도 많이 바치지요. '감실 앞에서 춤추는 주교' 이것은 영화 제목이 아니라 바로 나를 두고 하는 말입니다.

나는 가끔 심령기도도 합니다. 심령기도는 분명히 주님께서 주신 좋은 은사지요. 그런데 한때는 나도 그랬지만, 그것이 주님을 체험케 하고 주님께로 가까이 이끌어주는 도구임을 모르거나 그 기도를 혐오하는 이들이 많아요. 기도는 독백이 아니라 대화라서 반드시 상대가 있어야 합니다. 그 상대를 어떻게 보느냐에 따라서 기도의 성격이 달라집니다.

예수님은 내게 이렇게 말씀하시는 것 같아요. "내가 왜 너와 같은 모습으로 여기에 왔겠느냐? 나는 너를 살려내기 위해 여기에 왔다. 더러워진 너, 구렁텅이에 빠져 있는 너를 꺼내어 씻기고 새 옷을 입혀주고 향수도 뿌려주어 하느님 아들 됨에 부족함이 없도록 만들었다. 게다가 나는 너를 내 동생으로 삼는다. 이제부터 너는 나를 형님이라고 불러라. 우리는 형제지간이다"

그러고 나서 예수님께서는 나를 당신 아버지 하느님께로 데리고 가셔서 같은 하느님으로서 그분께 아뢰지요.

"아버지, 내가 내려가서 이 녀석을 이렇게 구해내어 동생으로 삼았습니다. 우리는 형제지간이 되었습니다. 그러니 아버지, 이 녀석을 아버지의 아들로 삼아주십시오"

나를 데려오라고 외아드님을 보내셨던 하느님께서는 예수님의 말씀을 듣고 이렇게 말씀하시지요. "참 잘했다. 내가 얼마나 기다렸는지 모른다"

그리고 나를 향해 애정이 가득 찬 말씀을 하신답니다. "애야,

너는 나를 아버지라고 불러라. '아빠, 아버지'라고 해보아라. 너는 진정 내 아들이다"

도저히 가까이할 수 없는 빛 속에 계신 하느님을 그분의 아들 예수 그리스도를 통해서 알게 된 것입니다. 사랑에 불타는 심장과 따뜻한 품을 가지신 그분은 우리를 사랑하시고 당신의 그 따뜻한 품에 우리를 안고 싶어하십니다.

성부는 볼 수도 만질 수도 없는 순수 영이시지만 우리는 그분의 모상인 예수 그리스도를 통해서 하느님 아버지의 심장과 품을 여실히 체험하게 되지요.

이런 일은 성령 안에서 이루어집니다. 기도는 성령께서 우리를 하느님에게로, 주님에게로 이끌어주시는 것입니다.

성령 안에서 하느님과 우리와의 관계만 이루어지는 것이 아니라 하느님인 성부와 하느님인 성자의 부자관계도 이루어지는 것입니다.

내 안에는 이렇게 삼위일체에 대한 확실하고 선명한 이미지가 새겨져 있어요. 그래서 내게는 삼위일체에 대한 다른 심오한 학문이나 학설은 오히려 삼위일체로부터 멀어지게 하고 삼위일체를 못 알아듣게 하고 하느님과 나 사이를 멀어지게 합니다.

성덕은 누구나가 닮도록 되어 있어요. 제2차 바티칸 공의회가 언급한 것처럼 성인이 될 보편적 소명은 우리 누구에게나 있습니다.

그런데 지식을 가지면 그만큼 위험부담률이 증대하기 때문에 아주 조심해야 합니다. 공부를 하면 할수록 단순해져야 하는데, 단순해지기가 쉬운 일이 아닙니다. 핵심, 알맹이는 한가운데 있는데 학문이 그것을 겹겹이 싸고 있어서 알맹이를 발견하는데 도리어 방해가 되는 경우가 많아요. 내가 나이를 더해갈수록 이 사실을 더욱 깨닫고 있습니다.

요새는 세미나다, 연수회다, 강습회다 하는 것들이 굉장히 많고 교회서적이나 문서도 정신 못 차릴 정도로 많이 쏟아져나오지요. 하지만 그것들은 일반신자에게뿐만 아니라 성직자, 수도자들한테서도 외면을 당하는 경우가 많아요. 나는 그런 시간과 물자와 언어의 낭비를 애석하게 생각합니다.

성인은 학문이나 지위를 초월하여 소박하고 단순하고 평범한 사람 중에 나옵니다. 말하자면 비범한 범인이 성인입니다.

죽은 후 내세에 들어서면 깜짝 놀랄 일들이 많을 터인데, 그 중의 하나가 유명인과 무명인의 자리바꿈일 것입니다. 내세와 현세의 평가기준이 달라서 서열이나 위계나 자리매김이 반대가 되는 경우가 많을 겁니다.

예수님의 다음 말씀이 이를 뒷받침하지요. "꼴찌가 첫째 되고 첫째가 꼴찌 될 것이다"마태 20. 16 "첫째가 되려는 이는 너희의 종이 되어야 한다"마태 20. 27

천국에서는 이 세상에서 명성을 떨치던 분들보다도 어느 누구도 기억하지 않았던 작은 영혼들이 더 큰 영광과 영예를 누리는 경우가 많을 것입니다.

나는 이러한 말씀을 복음에서 읽을 때면 나를 도와주는 두 분 수녀들께 이렇게 말하곤 합니다. "지금은 수녀님들이 나를 위해서 희생하시지만, 저세상에서는 거꾸로 수녀님들은 저 위에서 나를 내려다보시고 나는 저 밑에서 수녀님들을 우러러보는 그 광경을 보게 됩니다"

그런 점에서 보면 어떤 의미로는 사제직은 위험한 성소입니다. 주교직은 더 그러하지요. 이러한 사정을 주님께서는 날로 더욱 내게 깨우쳐주고 계시답니다.

나는 수시로 성체조배를 하는데, 들어가자마자 하는 일은 나의 죄, 나의 어리석음, 나의 비참함을 고백하는 말로써 성체께 인사드립니다.

"지극히 사랑하는 저의 주 예수 형님, 죄인인 저를 불쌍히 여기소서. 철부지 어린아이인 저를 가여워하고 귀여워 해주소서.

병신인 저를 애련히 여기시고 병자인 저를 측은히 여기소서"

기도에 제일 먼저 앞서야 하는 것이 고백의 기도이지요. 미사 성제를 거행할 때 제일 먼저 하는 일이 무엇입니까? 죄를 고백하고 주님의 자비와 용서를 청하는 일이잖아요.

먼저 죄인으로서 주님을 대해야 합니다. 자존심이나 체면을 중요시하는 사람은 마음의 자세를 굽힐 줄 모르고, 자기의 허물이나 약점을 드러내지 않지요. 그러한 자세나 태도가 사람들 앞에서는 용인될 수 있겠지만 하느님 앞에서는 결코 용납될 수 없는 것입니다.

제2차 바티칸 공의회 이전에는 미사성제의 시작기도를 층하경이라 했습니다. 당시에는 제대가 두서너 계단 위에 놓여 있어서 그곳에 올라가 제사지내기 전에 맨 밑바닥에서 바치는 기도라고 하여 그런 명칭이 붙었지요.

거기에서 치르는 일이 죄의 고백이었습니다. 그때에 사제와 복사들은 함께 90도로 허리를 깊이 굽히고 고백기도를 바쳤는데 "형제들에게 고백하오니" 할 때에는 사제와 복사들이 서로 상대방에게 몸을 돌리도록 되어 있었어요. 그 절차를 끝내고 나서야 비로소 제대를 향해 계단을 올라갈 수 있었지요.

올라가서 먼저 하는 일은 주님께 자비를 구하는 것이었습니다. 성부께 세 번, 성자께 세 번 그리고 성령께 세 번의 자비송을 바치면서 죄의 용서를 청하는 것이었지요.

그리고 나서야 비로소 기도를 올린다든가 대영광송을 바쳤던 것입니다.

요사이 관상기도가 퍼져가면서 상대적으로 구송기도의 가치가 절하되어 경시되는 듯한데 나는 구송기도가 매우 중요하다는 것을 강조하고 싶습니다.

'주님의 기도' 하나만 가지면

예수님께서 가르쳐주신 주님의 기도가 무슨 기도입니까? 구송기도이지요. 성모송과 영광송 역시 구송기도입니다.

진짜 관상기도의 은혜를 넘치게 받으셨던 아빌라의 데레사 성녀께서도 다음과 같이 구송기도 특히 '주님의 기도'의 가치를 높이 평가하십니다.

'내가 알기로는, 하느님께서는 구송기도를 하는 많은 사람들을 그들도 모르게 드높은 관상에로 올려주시는 일이 있습니다.

내가 잘 알고 있는 어떤 분은 다른 기도를 해보려 하면 정신이 어찌나 헷갈리는지 못 견디어 구송기도밖에 할 수 없었습니다. 그분은 주님의 기도를 여러 번 외우면서 그때마다 주님이 흘리신 성혈을 묵상하기도 하고, 몇 시간을 기도로 보내기도 하였습니다.

한번은 나한테 와서 몹시 걱정을 하며 말하기를, 자기는 입으로 외우지 않고는 묵상이고 관상이고 할 수 없다는 것이었습니다. 그 외우는 기도가 무엇이냐고 물었더니, 주님의 기도뿐이라고 하였지만 그는 이미 순수한 관상기도를 하고 있고, 주님은 당신과 결합시키려고 그를 드높이 올려주신 것을 나는 알았습니다.

그의 행실만 보아도 큰 은혜를 받고 있다는 것을 잘 알 수 있었습니다. 나는 그분의 구송기도가 못내 부러웠습니다'

– 아빌라의 성녀 데레사 〈완덕의 길〉 제30장 중에서

관상기도는 인위적으로 만들어지는 것이 아닙니다. 주님께서 어느 순간에 어떤 영혼에게 순전히 공짜로 주시는 특은이지요.

미사성제를 비롯한 전례와 공적기도 때, 내가 상대하게 되는 분은 창조주이시며 구원자이신 하느님이십니다. 그 시간에는 엄숙하고 경건한 마음가짐과 자세를 취하지요. 그러나 내가 평상시에 상대하는 하느님은 보다 인간적이고 친근하고 따스한 심장과 품을 가지신 아버지이십니다.

제자들이 예수님께 세례자 요한이 자기 제자들에게 가르쳐준 것처럼 자기들에게도 기도하는 방법을 가르쳐달라고 간청한 일이 있었지요. 예수님께서 당신 자신은 기도를 많이 하셨고, 제자들에게도 기도하라고 명하셨지만 그때까지 기도를 어떻게 하라는 가르침을 주시지 않았던 것 같아요.

제자들의 요청을 받고서야 비로소 구체적으로 기도를 가르쳐 주셨는데, 그 당시 세례자 요한이나 다른 스승들이 어떤 기도를 가르쳤는지 모르지만 예수님의 기도와는 달랐을 것입니다. 그들은 '창조주이신 하느님, 위대하고 지고 지존 지엄하신 하느님' 하고 부르면서 기도를 시작했을 겁니다.

하지만 예수님은 하느님을 '하늘에 계신 우리 아버지'라 부르게 하셨지요. 이것이야말로 천지개벽 이래 초유의 기도였을 것입니다. 우리의 기도를 받아주는 분이 바로 우리 아버지이니까요. 이것은 아무리 감격해도 또 아무리 감사해도 모자랄 그런 호칭이 아닙니까! 그 기도야말로 바로 우리가 청할 내용의 총체입니다. 한마디로 완전무결한 기도입니다.

아우구스티노 성인이 프로바에게 보낸 편지 가운데는 '주님의 기도문'에 관한 다음과 같은 가르침이 들어 있습니다.

'누가 만일 주님의 기도에 나오는 것과 무관한 것을 청한다면 그것은 비합법적인 기도라 할 수는 없다 해도 육적인 기도라 하겠습니다. 사실 비합법적일지도 모르겠습니다. 성령으로 새로 태어난 이들은 항상 성령의 가르침대로 기도해야 합니다'

'성경에 있는 모든 청원들을 두루 훑어간다면 주님의 기도에 포함되지 않거나 거기에서 연유되지 않은 것은 하나도 없으리라 생각합니다. 따라서 우리가 기도드릴 때 같은 내용을 다른 말로 청하는 것은 허락되지만 다른 내용을 청하는 것은 허락되지 않습니다'

그리고 성 치푸리아노도 주님의 기도문에 대해 이렇게 썼습니다.

'우리에게 성령을 보내주신 그리스도께서 가르쳐주신 이 기도보다 더 영적인 기도가 어디 있겠습니까? 그분께서 우리에게 가르쳐주신 기도를 드리지 않고 다른 기도를 드리는 것은 어리석을 뿐만 아니라 벌 받을 잘못입니다.

그러므로 사랑하는 형제 여러분, 우리 스승이신 하느님이 친히 가르쳐주신 대로 기도합시다. 그리스도께서 바치신 기도, 즉 그분의 말씀을 빌려서 드리는 우리의 기도는 하느님께 친숙하고 정다운 기도입니다'

주님의 기도 안에 들어 있지 않은 기도를 바쳐서는 안됩니다.

비록 표현은 달리하더라도 우리의 모든 기도는 주님의 기도문과 연관되어 있어야 합니다. 그렇지 않으면 아무리 말을 많이 하고 아름답고 열렬하게 할지라도 그것들은 기도가 될 수 없습니다.

그래서 나는 이 '주님의 기도'가 단순하고 간단하면서도 가장 고상하고 가장 훌륭하고 가장 하느님의 마음에 드는 기도이니 그 기도를 통해 우리 모두가 성인이 되자고 하는 것입니다.

주님의 기도문을 할 때 '하늘에 계신' 하는 부분에 나는 '전능하시고 영원하신 하느님' 이렇게 기도를 많이 해요. '전능하시고 영원하신 하느님 아버지' 그러니까 '하늘'이라고 하는 것은 저 하늘이 아니고 무한을 말하는 거예요. 영원이지요. 영원은 뭐냐? 교리서 요리문답에 '그것은 시작도 없고 끝도 없는 거니라' 했어요. 우리가 항상 말하는 시작이나 끝이라는 게 모두 어떤 시간을 말하는 것이다 보니 그것만으로는 영원을 표현할 수 없어요. 시간하고는 전혀 무관해요.

'전능하시고 영원하신 하느님 하늘에 계신 우리 아버지 아버지의 이름이 거룩히 빛나시며…' '이름'이 뭐냐? 그 사람 자체를 말해요. 하느님의 이름은 하느님 자신을 말해요, 하느님의 존재지요.

'빛나시며' 존재가 항상 빛나도록, 또 '아버지의 나라가 오시며' 아버지의 나라는 뭐냐? 예수님께서도 하느님의 나라를 설명하는 데 여러 가지 비유를 쓰셨지만 하느님의 나라는 여기 있다 저기 있다 하는 물리적인 장소가 아니라 우리 마음에 있다고 하셨어요. 그러니까 벌써 우리 마음 안에 하느님의 나라가 와 있어요. 물론 모든 마음에 온 건 아니지만….

'아버지의 뜻이 하늘에서와 같이 땅에서도 이루어지소서!' 하늘이라는 것은 영원한 시간과 장소, 이 땅만이 아니라 몇십억 광년이 걸린다는 이 우주에서도, 하느님이 만드신 이 피조 세계에서도 이루어지소서! 그 이야기예요.

그래서 예수님께서는 참으로 좋은 기도문을 가르치셨구나 하고 느끼죠. 주님의 기도문만 잘해도 돼요. 그것만 해도 관상생활을 할 수 있어요.

15~16세기에는 공부를 못한 수녀님이 많아서 그런 분들을 위해서는 성무일도 대신 매일 주기도문 150번을 외우라고 했어요. 시편이 150편으로 되어 있어서 그랬을 거예요.

그때는 라틴어밖에 없어서 글을 배운 수녀님들은 라틴어로 성무일도를 바쳤어요. 뜻을 알거나 모르거나 하여튼 바쳤어요.

어느 날 수도생활을 오래하신 수녀 한 분이 번민의 기색이 역력해서 "원장 수녀님, 저는 기도에 대해 문제가 있습니다. 원장 수녀님이 관상기도니 뭐니 말씀하시는데 뭐가 뭔지 전혀 모르 겠습니다"

그래서 "수녀님은 무슨 기도를 하십니까?" 하니까 "주님의 기도문만 바치고 있지요!" 하더랍니다. 그때 원장 수녀가 '이 수녀님은 상당히 높은 관상의 경지에 있는 분이구나. 기도를 가 르친다는 내가 오히려 부끄럽고 주기도문만 한다는 이 수녀님 이 부럽다'고 했다는 거예요.

아오스팅 수녀님이 "우리가 표현이 다를 수도 있고 언어가 다 를 수는 있을지라도 주님의 기도문과 관계없는 기도는 기도가 아니다"고 했어요. 그분은 시편을 예로 들어서 "시편작가가 이 렇게 기도한 부분은 바로 주기도문의 여기에 해당된다" 이렇게 말씀하셨어요.

기도를 많이 하는 것도 좋고, 성모송·영광송 하는 것도 좋지 만 우리가 은사를 받으려면 주님의 기도문하고 사도신경을 하 라고 했어요. 사도신경은 우리 믿음을 아주 함축해놓은 거잖아 요. 우리의 구원은 거기에 달려 있어요. 그래서 그렇게 중요해 요. 언젠가 예수님께서 내게 깨우쳐주신 바를 글로 옮겨보았습 니다.

나는 내가 진리라고 말했다.

나는 과연 진리요 진리 자체이다.

내 말에는 거짓이 없었으며

내 행동에는 가식이 없었다.

내가 너희를 사랑한다고 했으면

사랑한 것이고

내가 무엇을 싫어한다고 했으면

그것을 싫어한 것이다.

나를 믿어라.

네가 진실한 사람을 믿고 존경한다면

더구나 나를 더 믿고 좋아해야 할 것이 아니냐?

또 나는 너도 진실하기를 바란다.

진리와 진실이 아쉬운 세상에서

너는 진실해야 한다.

나는 거짓과 허위와 가식과 사기와 기만을 싫어한다.

네 마음을 살펴보고

네가 한 말과 행동을 뒤돌아보아라.

너는 가끔 마음에도 없는 말을 하고

과장해서 말을 하기도 했지.

마음에 없는 친절을 보이기도 하고

과장된 행동을 취하기도 하였지.

부끄럽게 생각하여라.

너는 기도에 있어서도 진실하지 않았었지.

마음에 없는 것을

입으로만 외운 일이 많았음을 알렷다.

빈말을 늘어놓았음을 깨달으렷다.

가령 내가 가르쳐준 기도문을

네가 어떻게 외워왔는지 생각해보아라.

네가 '하늘에 계신 아버지' 할 때

그 하늘은 네 눈으로 보는 저 하늘이 아니라

가까이 할 수 없는

영원무궁한 하느님의 거처를 두고 한 말인 줄 몰랐지?

'아버지의 이름이 거룩히 빛나기'를 빌 때

너는 그분의 이름이

바로 그분 자신임을 생각하지 못했지?

그분은 당신의 이름을

"나는 나다"라고 하시지 않았느냐?

따라서 '나' 즉 그분의 이름은

바로 그분 자신을 뜻하는 것임을 알아라.

또 '아버지의 나라가 오시며'라고 할 때

너는 그 나라를 어떻게 생각하였느냐?

그분의 나라는 네가 말한 대로

여기에 있다 혹은 저기에 있다고 할 수 없는 나라,

네 안에 있는 나라다.

곧 거룩한 나라, 은총의 나라, 정의와 사랑의 나라,

진리와 평화의 나라, 바로 그런 나라인데

그것을 생각하며 기도했더냐?

그리고 '아버지의 뜻이 하늘에서와 같이

땅에서도 이루어지기'를 청할 때

저 영원에서와 같이 이 피조 세계에서도,

그러니까 지구만이 아니고 온 우주에 걸쳐서

그분의 영원한 계획이 이루어지기를

바라면서 기도했더냐?

네가 음식의 부족을 느끼지 않고 지내는

가운데 '일용할 양식'을 간절히 청할 마음 없이

바치지는 않았더냐?

영육간의 양식이 매일매일 필요한

네 처지임을 절감해야 하지 않았더냐?

너는 네게 잘못한 형제를 용서해주지도 않으면서

아버지께는 용서를 자주 청하지 않았더냐?

그리고 도대체 네 잘못을 인정하기나 하면서 용서를 청했더냐?

네가 용서 청하지 않아도 될 날이

하루도 없음을 깨닫기나 했더냐?

너는 무서운 유혹들이 네 주변에 얼마나 많으며

또 그것들이 얼마나 위험한 것인지 알지도 못하면서

건성으로 '유혹에 빠지지 않게 해주십사'고

입을 놀린 것이 아니냐?

또 마찬가지로

이 세상에는 크고 작은 악이나

불행의 원인들이 얼마나 많으며

그 해가 얼마나 큰지를

절실히 느끼지도 못하면서

그것들로부터의 해방을 청한 것이 아니냐?

나는 필요치 않은 기도를 가르치지 않았다.

아무렇게나 발음만 해도 좋을 기도를

나는 가르치지 않았다.

나는 진실하다.

내가 하라고 한 것은

해야 할 일이고

하지 말라고 한 것은

하지 말아야 할 일이다.

내 육화와 지상생활과 수난과 죽음이

거짓이나 가식이나 쇼가 아니듯이

내 가르침도 역시 그렇다.

너는 내 가르침에 충실하고

네가 집행하거나

참례하는 전례와 성사와

성무에 진실하여라.

아직까지 살아 있지 않느냐

은퇴생활로 들어선 지 얼마 안된 어느 날 주님께서는 무언의 말씀으로 내 마음에 들려주시는 것이었어요.

"너는 죽었어도 두세 번은 죽었을 몸이다. 그런데도 아직까지 살아 있지 않느냐? 내가 아무 의미 없이 네 생명을 연장시켜준 것이 아니다.

내 뜻은 한마디로 네가 감사하는 사람이 되라는 것이다. 네가 살아있는 동안에 매 순간순간을 나에 대한 감사의 마음으로 살 다가 내게 오게 하기 위해서란다. 그리고 기회가 있을 때마다 네가 만나는 사람마다 붙들고 내게 감사를 하도록 권하여라.

나는 모든 사람에게 아낌없이 은혜를 내려주지만 그들에게서 오는 감사는 보잘것없구나. 사실 너희들의 감사가 내게 꼭 필요한 것은 아니다. 단지 그것이 너희에게 필요하기 때문에 내가 이런 말을 하는 것이다"

이 말씀을 듣고 나니 복음서에서 예수님이 고쳐주신 열 명의 나병환자 가운데 오직 한 사람만이, 그것도 이방인이 감사드리러 왔다는 이야기를 새삼 떠올리게 되더군요.

그리고 이루 헤아릴 수 없이 은혜를 받고 있으면서도 그것을 베푸신 하느님께 넉넉히 감사드리지 못하고 살아온 내 자신이 부끄러워졌어요.

내가 '아기 예수의 성녀 데레사'의 감사에 대한 글을 읽은 것이 마침 그때였어요. 데레사 성녀의 작은언니 수녀가 데레사의 시성시복 심사위원회에서 이렇게 증언했대요.

"하느님이 나를 돌보아주시지 않는다고 불평했더니 데레사 수녀는 아주 크게 질책하면서 이렇게 말했어요.

'언니, 그렇게 말하지 마세요! 나는 내게 일어나는 모든 일에 대해서 비록 다 이해하지는 못하더라도 늘 웃으면서 감사를 드려요. 그리고 항상 좋으신 하느님 앞에 행복한 모습을 보여드려요. 언니, 하느님의 섭리에 대해서 절대로 나쁘게 얘기하지 말

고 오히려 항상 감사하도록 해요'

또 이렇게 말하기도 했습니다. '좋으신 하느님의 은총을 가장 잘 얻게 해주는 것은 다름 아닌 감사예요. 우리가 그분께 받은 어떤 은혜에 대해서 감사를 드리면 그분은 감동하시어 우리에게 열 배로 은혜를 주시거든요.

그리고 우리가 다시 그것들에 대해 감사를 드리면 얼마나 더 많은 은혜를 받게 되겠어요? 난 그것을 경험했어요.

언니도 해보시면 알 거예요. 주님께서 내게 주신 모든 은혜에 대한 나의 감사는 한량이 없어요. 나는 그분께 수천 가지 방법으로 감사의 정을 보여드려요'"

무언으로 들려주신 주님의 말씀과 데레사 성녀의 이 얘기는 나를 부끄럽게 하는 동시에 감사를 더욱 많이 드리겠다는 결심을 하게 만들었습니다.

감사하면 감사할 일을 열 배로 늘려주신다는 데레사의 말. 나에게는 열 배의 새로운 은혜보다도 내가 이미 받고 있는 은혜들이 하나하나 머리를 들고 일어났습니다.

어디를 둘러보나 눈에 띄는 것이 감사해야 할 것들뿐이더군요. 80여 년 동안 내게 베풀어주신 은혜들, 많다 못해 셀 수가 없음을 깨닫게 되었어요. 감사할 일이 부지기수이고 또한 감사해야 할 사람이 부지기수임을 알게 되니 정말 내 생애가 하느님의 은총과 은혜로 꽉 차있다는 사실에 압도되더군요. 그래서 그 은혜들에 대해서 하나하나 감사하다 보니 감사거리가 기하급수적으로 늘어나 끝없이 이어졌어요.

거기에 대해서 일일이 따로따로 감사하다가는 아무래도 내 남은 생애가 모자랄 터이므로 생각해낸 것이 이른바 '은혜들의 합동감사'입니다.

다종다양한 무수한 은혜들을 한데 모아 감사미사와 감사기도를 드리는 것이 이제 나의 일과가 되었습니다. 나의 하루는 감사기도로 채워지고 있어요. 그래서 은수생활이라고는 하지만 사목생활 할 때 못지않게 바쁘답니다.

주님께서는 이 한 몸을 살리기 위해 또 나의 구원을 위해 헤아릴 수 없이 많은 선물을 주신다는 사실을 새삼 깨닫게 되었습니다. 내게 지구와 우주를 만들어주셨고, 자연의 은혜, 초자연적인 은혜를 끊임없이 내려주셨고, 성모님을 비롯하여 무수한 천사들과 성인성녀들을 움직이셨으며 많은 사람을 보내오셨다는 사실들을 뼈에 사무치도록 느끼게 되었어요.

나는 면도할 때에도 면도기를 발명하고 개량하고 제작하고 유통하고 판매한 사람들을 모두 생각하면서 내 면도 하나를 위해 그 많은 사람들을 동원하신 주님께 감사드리며 그들에게도 감사하는 마음을 가집니다.

내가 비행기로 여행할 때에 공항의 근무자들과 조종사를 비롯한 승무원들, 아울러 비행기를 발명하고 발전시킨 사람들, 내가 타고 있는 비행기를 만든 사람 등 내 여행을 위해 주님께서 쓰시는 이들을 모두 기억하며 우선 주님께 감사드리고 그들에게도 고마움을 느끼며 기도해줍니다.

내가 야외에서 즐기는 운동이 하나 있습니다. 나는 운동할 때마다 그 운동을 창안하고 발전시킨 사람들, 그리고 그 운동장의 주인과 건설하는데 참여한 사람들, 봉사하는 이들 그리고 운동을 함께하는 동지를 주심에 대해서 주님께 감사드리고 그 사람들에게도 고마운 마음을 가집니다. 운동하는 동안에도 틈틈이 "주님, 감사합니다"를 속으로 되뇌곤 합니다.

나의 의식주를 위해서도 얼마나 많은 사람들이 동원되고 있습니까? 제조업, 생산업, 가공업, 유통업, 판매업 등에 종사하는 사람들을 이루 헤아릴 수가 없습니다.

그들에게 감사의 정을 느끼며 그들을 위해 기도합니다. 비록 그들은 나를 알지 못하고 또 내가 그들을 알지 못한다 하더라도 주님께서 맺어주신 인연이 나로 하여금 그들을 위해 기도하지 않을 수 없게 합니다.

그래서 식전기도 때 "이 음식과 저희에게 강복하소서" 하면서 이 음식을 먹기까지 관여한 모든 사람들, 멀리는 생산업자 가까이는 요리하신 수녀님들을 순간적으로 포함시킵니다.

식후기도에서 "저희에게 베풀어주신 모든 은혜에 감사하나이다"를 할 때에 주님께서 베푸시는 많고도 많은 은혜들을 모두 한순간에 포함시키면서 정성을 다해 바칩니다.

이렇게 감사가 생활화되다 보니 성직자, 수도자, 평신도를 막론하고 만나는 사람에게 자연히 감사를 이야기하게 되고 권유하게 됩니다. 이러다 보니 어느새 내가 슬며시 '감사의 사도'로 자처하게 되었어요.

좋은 일에 감사하는 것은 당연하지만 좋지 않은 일에도 진심으로 감사할 수 있어요. 테살로니카 전서 5장 18절에 바오로 사도의 유명한 가르침이 있지 않습니까? 공동번역 성서에는 '어떤 처지에서든지 감사하라'고 번역되어 있고 새 성경에는 '모든 일에 감사하라'고 번역되어 있는데 둘 다 같은 말입니다.

이것은 처지를 가리지 말고 또는 일을 구별하지 말고 감사하라는 말씀이지요. 감사할 처지, 감사하지 않아도 될 처지가 따로 있다거나 감사할 일, 감사하지 않아도 될 일이 따로 있다는 것이 아닙니다. 마음에 드는 처지이든 들지 않는 처지이든 좋은 일이든 언짢은 일이든 똑같이 감사해야 한다는 것입니다.

생로병사의 인생 안에는 희로애락거리가 가득 차 있지 않습니까! 그러나 그 어떠한 경우에라도 감사해야 할 것입니다.

어떤 일에는 웃으면서, 또 어떤 일에는 울면서, 어떤 경우에는 기뻐하면서 또 어떤 경우에는 슬퍼하면서 감사해야 할 것입니다. 울고 웃고 기뻐하고 슬퍼하는 차이는 있을지라도 감사해야 하는 것은 마찬가지입니다.

주님은 내게 그 훈련을 시키고 계십니다. 나는 그 훈련을 열심히 하고 있습니다. 매일 기쁜 소식보다는 슬픈 소식, 좋은 소식보다는 나쁜 소식이나 정보들이 더 많이 들어와요. 나는 이러나저러나 상관없이 감사를 드립니다.

우선, 주님의 섭리에 대해서 감사를 드리고 나서 슬퍼하거나 기뻐하고 웃거나 울거나 합니다. 주님의 그 섭리 때문에 나는 예수님의 수난에 대해서는 울면서 감사하고 그분의 부활에 대해서는 웃으면서 감사하지요. 교회의 박해에는 슬퍼하며 감사하고 성인이나 복자의 탄생에는 기뻐하며 감사하지요.

이 세상에서 일어나는 일은 심지어 이 세상의 나쁜 것들, 헤아릴 수 없이 많은 비극적 사건이나 재난을 포함한 그 어떤 것이든 간에 그분의 섭리 밖에 있는 것은 하나도 없습니다. 바로 이것이 내가 어떠한 처지에서라도 또한 어떠한 일에 대해서도 감사해야 할 근거가 되는 거지요.

당신의 외아드님을 사람으로 보내시어 무참히 수난하고 돌아가시게 한데 대하여도 그것이 그분의 섭리라는 이유에서 내가 울면서라도 감사를 드리는 것이 아니겠습니까?

인정사정없이 무자비한 하느님에 대해 설명을 하면 폭탄선언으로 받아들이겠지만 저는 그런 점 역시 하느님의 섭리로 받아들여요.

감사는 인간과 하느님과의 관계에서 가장 기본적이며 가장 중요한 요소라고 나는 믿고 있습니다. 감사를 하면 확실히 개인이나 공동체의 모습이 좋게 변화되고 감사하는 인생에는 사랑, 평화, 기쁨이 자리 잡게 될 것입니다.

양연이든 악연이든 가리지 말고 모든 인연의 근원이신 하느님께 감사하고 동시에 인연으로 맺어진 사람에게도 감사하면 큰 변화가 일어날 것입니다. 부부간, 부모자식간, 형제자매간, 이웃간, 사제간, 동기간, 동료간, 상하급간, 노사간, 모든 계층간에 감사하는 일이 체질화되면 천지개벽이 일어날 것입니다.

그렇게 되면 가정과 사회에 사랑, 기쁨, 평화의 기운이 감돌 것입니다.

주님께 감사드리고 또 서로 간에 감사하다 보면 분명히 샘물 같은 사랑이 솟아날 것입니다. 마음이 산란하고 우울할 때 감사해보십시오. 그러면 마음에 평온을 체험하게 될 것입니다. 그리고 인생이 기쁘고 재미있게 될 것입니다.

나는 확신해요. 감사가 생활화되면 우리가 가진 모든 문제가 해결되고 모두가 평화를 누리게 되리라는 것을 말입니다.

1950년 여름 6·25전쟁이 터졌어요. 트루먼 대통령은
그때 어딘가 가서 쉬고 있었는데 주미대사인 아버지가 트루먼을
찾아가 눈물로 호소하며 지원을 청한 거예요.
다행히 트루먼은 그때 이 전쟁의 심각성을 감지하고 있었어요.

그래서 미국을 비롯한 유엔군의 즉각적인 참전이 이뤄진 겁니다.
그렇게 나라를 살리느라 헌신했는데, 지금 일부 몰지각한 사람들은
"장면 대사가 미군을 끌고 들어와서 분단이 고착되어 버렸다.
그러니까 반민족적인 짓을 했다"고 합니다.
어이가 없을 따름입니다.

다수라고 동의할 수 없어요 장익 주교

사제로 살면서 내 안에 있는 나의 모습을 딱 대면하는데,
심장만 벌떡벌떡 뛰고 있지 그 핏줄이 연결되는 동맥과
나머지 실핏줄은 다 죽어 있었어요. 제 안에 인간이 저지를 수 있는
간교함과 추악함이 다 있더라고요.

그걸 들여다보고 제 자신에게 막 혐오감이 느껴졌어요.
그런 형편없는 내 자신을 받아들일 수 없어서
내가 막 폭발할 것 같은 느낌이었어요.
이중적인 태도, 미움, 시기… 이런 게 내 내면 밑바닥에,
신부라는 제게 꽉 차있는 거예요.

예 신학교 잘못 왔구나 박기주 신부